CYNICISM

ANSGAR ALLEN

シニシズム

アンスガー・アレン＝著
上野正道＝監訳　彩本磨生＝訳

CYNICISM

ANSGAR ALLEN

シニシズム

※本文中に登場する太字の用語は用語集で解説しています。

シリーズ序文

マサチューセッツ工科大学出版局エッセンシャルナレッジシリーズは，今注目を集めている話題をわかりやすく簡潔にまとめ，美しい装丁にして読者にお届けします。一流の思想家を著者に迎え，本シリーズでは文化・歴史から科学技術まで多岐にわたる分野において，専門家による意見をまとめています。

欲しいときにすぐに情報が手に入る今の時代，さまざまな意見を知り，それらを正しく理解，そして表面的な解説を見聞きするのは簡単なことです。しかし，それよりはるかに難しいのは，世界を本質的に理解する際のよりどころとなる基礎知識の習得です。エッセンシャルナレッジの書籍は，このようなニーズにお応えします。専門的なテーマを一般の読者にも理解できるようにまとめ，基礎知識を通して重要な話題に関心をもたせます。コンパクトにまとまったシリーズ本を一冊一冊読み進めることで，読者は複雑な概念を理解する出発点に立つことができるでしょう。

マサチューセッツ工科大学（MIT）
生物工学および情報科学教授
ブルース・ティダー

第1章

はじめに：逸脱に関する問題

シニカルな人は人間を下等な生き物だと考え，他者に懐疑的な目を向けるシニカルな態度をとります。彼らはシニカルでない人をばかにしないまでも見下し，人間の誠意や高潔さを冷笑して，面《つら》の皮《かわ》を剥がせば人はみな私欲の塊だと信じています。文化的傾向として，シニシズム[*1]は疑いを助長し，進歩を阻《はば》み，高尚なものや人間の美点をすべてシニカルな観点から蔑《さげす》んだレベルに落とします。さらに，人間がもつあらゆる動機は基本的に利己的であると考え，よりよい世界の可能性を否定します。

かつて，**現代のシニシズム**（cynicism）とはまったく異なるシニシズム（Cynicism）が存在しました（英字表記で後者の頭文字は「C」）。シニシズムの代表的な実践家に，シニック派のディオゲネス（生誕紀元前412年～紀元前403年頃）がいます。ディオゲネスといえば，同時代の古代ギリシャの人々に対し否

[*1] シニシズム：冷笑主義，皮肉主義と訳されることもある。

定的であったことで知られていますが，彼は人々の生活状況を変えることに献身的でした。この点において，彼のシニシズムは覇気のない現代のシニシズムと対極にあります。現代における大衆のシニシズムは，世界を変えようとする試みは失敗する運命にある，と私たちに最初から思わせます。本書は古代と現代のシニシズムを比較することで，現代のシニシズムの理解を深めていきます。また，現代と古代のそれぞれの主義がどのように社会によって形成され，同時代の社会の姿を映し出しているのかを探ります。さらに比較を通じて，**古代のシニシズム**がどのように現代のシニシズムの形に変化していったのか，2500年前からさまざまに形を変えてきた歴史をひもときます。

一見，この二つの主義は明らかに異なります。古代のシニック派は托鉢生活を送る哲学者の集まりでした。学派として固い結束はなく，かの有名な杖と外套のみという独特な恰好のため簡単に見分けがつきました。意図的に自らを窮乏化し，粗野に振る舞い，恥じらいもない。理解しがたい行動と常軌を逸した様子から，そのほかの人々との違いは一目瞭然でした。シニック派は独自の生活様式を実践することで，自らが属する文化を批判しました。その狙いは，同時代の人々を憤慨させ，彼らがもつ偏見をあらわにし，世に存在するものに対し，まったく異なる見解がある可能性を示すことでした。一方，現代においてシニシズムの人々を特定するのは大変困難です。哲学は今や極少数派の改革者によって実践されるものではなく，シニシズムは主流となっています。今を生きる私たちは総じてシニカルです。現代のシニカルな態度も文化的な洗練性や高尚な慣習に懐疑的ですが，対外的な反発力は控えめです。現代シニシズムには社会的・政治的信条がなく，隙にかろうじてつけ込み，常に自己の利益を追求しながらも自身が厭《いと》う現状に迎合します。あらゆるものや人に迎合することを一切拒んだ古代ギリシャの先人とは直結しません。では，いつ古代シニシズムは現代の形に変化したのでしょうか。その変化は歴史上のある時点で起きたわけでもなければ，変化が起きたと断言もできないようです。とはいえ，英字表記で古代シニシズムは大文字の「C」，現代シニシズムは小文字の「c」で始まることから，そこに区別があるのは確かでしょう。

古代と現代のシニシズムは「逸脱」と解釈されており，公の場やプライベートで一般的に認められている原則からの，ある種の離脱が必然的に伴っています。これらの原則は，シニック主義者の逸脱を理解するための枠組みであり，逸脱が否定や非難の対象となる論拠を示すものです。シニシズムは常に，判断されたり対立したりする際の基準などがあってこそ表されます。古代と現代，どちらのシニック主義者も高い基準を受け入れることができず，特に古代の彼らはその傾向が強くあります。彼らは自身がいうところの「理想主義者の思い上がりというガスで膨らんだ腹を少々しぼませる」ために，そこで語られる大げさな話やうぬぼれを削いだり横槍を入れたりします。シニック主義者はいわゆる「よい」人ではありません。正確には，もし現代でシニック主義者がよい人であるならば，それはシニシズムだからではなく，シニシズムなのにです。しかしここでは，古代と現代のシニシズムの共通点を掘り下げるべきではありません。逸脱は共通のテーマですが，それぞれの背景や状況で異なる解釈があります。古代のシニシズムが見せる異常性は意図的で，それが病的であったとしても故意です。一方，現代シニシズムが見せる身勝手さは，自然にあふれ出るものとはいわないまでも，だいたいが故意ではありません。

現代シニシズムは悩ましい病的な意味をもつ「逸脱」だとする考え方があります。このシニシズムの性質は，権力者（たとえば大きな影響力と富を得るためなら手段を選ばないような者）が機を狙う操作的なものから，虐げられ社会の主流から取り残された者が唱える絶望的なものまで広範囲です。この二つには深い関連性があります。権力者のシニシズムは，影響力をもたない者にどこまでもシニカルになる正当な理由を与えます。後者のような，社会の主流から取り残された者が唱えるシニシズムは，権力者が機を狙う操作的なもの，影響力をもたない者にどこまでもシニカルになることの罪を犯す以前に，無関心・無気力の状態を引き起こしています。このような無関心・無気力な状況ではシニカルになるのも十分うなずけますが，このシニシズムはよくいわれるよう一文の得にもなりません。共通の高い理想に向かう使命感から生まれた希望や団結した政治活動ならば，物事をよい方向へ変えてくれるでしょう。それでもなお，再びシニシズムは生まれます。フラストレーションや失望を感じたときに陥る状態としてシニシズムが表出するのです。現代の私たちは，シニシズムがまるで無意識にあふれ出してしまうもの，完全に屈服しないよう良心で抵抗しなくてはならない自身の暗部から噴出するもののように考え，それを免罪符にしています。「シニカルな人になんてなりたくない。でも……」そんな心もちなのです。

ここまでを総じて振り返ると，だれしもシニカルになる瞬間があると考えられます。現代社会のシニシズムは，特定の集団固有の思想でない限り広く蔓延し，ほぼ避けられません。それは，政治的または個人的な選択とみなされているのと同様に，政治危機（「ポスト真実」と「オルタナ右翼」の台頭，ポピュリズムによる自由民主主義と進歩主義的政治の弱体化，気候変動などの地球問題に対する国際組織の不適当な対応など）の特徴の一つとしても理解されています。また一方で，現代シニシズムは文化的鬱屈の広がりを示すサインの一種にすぎないという考えもあり，それは現代の政治形態が暴力的な過激主義と集団的無関心の間を揺れ動くときに表れます。このシニシズムは苦しい時期の明らかな兆候や症状，またはその原因になっている可能性さえあります。この場合，自身のシニカルな思考により個人が直接危険にさらされることはまずありませんが，シニシ

現代の私たちは，シニシズムが
まるで無意識にあふれ出してしまうもの，
完全に屈服しないよう良心で
抵抗しなくてはならない自身の
暗部から噴出するもののように考え，
それを免罪符にしています。
「シニカルな人になんてなりたくない。
でも……」そんな心もちなのです。

ズムがもつ波《は》及《きゅう》性は私たちを危険に陥れます。

現代シニシズムがこのようなネガティブな意味合いをもつ苦境で，なぜ人は個人的な利益以外の理由でわざわざシニシズムを選ぶのでしょうか。なぜあたかもシニシズムが何らかの社会的利益を生むかのように傾倒するのでしょうか。これは理解しがたい現象です。もちろん社会的状況によっては，当然あるべきシニシズムの欠落は政治に鈍感と受け取られるため，体面上多少のシニシズムを表すことが必要なのも事実です。また，自ら進んでよりシニカルになろうとする理由が，一過性の状況によるものや，対処戦略やストレス解消，市民としての義務や社会的責任から一時的に逃避して愉快さやおもしろみ，いくらかのセラピー効果を求めるため，といったことなら合点がいきます。しかし，度が過ぎるほどに傾倒していくようなら立ち止まる必要があります。このシニシズムが私たちの運命をよい方向に導くことは一切ないのです。それが慰めになるならば，自身の純粋な良心を脅かさない程度で個人的にシニシズムに浸るのは問題ありません。現代シニシズムも利用価値があるのかもしれませんが，その性質を考えれば何もポジティブなものを生み出さないと思われます。

このネガティブな評価は，現代では至って常識的な判断で，疑問の余地もほぼありません。ただ一方で，現代シニシズムには好意的な見方もありそうです。この議論を進めるにあたり，辛い苦しみからではなく積極的な選択の結果生まれたと考えられる古代シニック派[*2]の逸脱の哲学と比較していく必要があります。古代シニック派の哲学は，極めて反発的でありつつも使命感をもち，政治的関与も深く，前向きで多幸感のあるものでした。それゆえ，古代と現代のシニシズムがもたらしたであろうものにはまったく異なる見解があります。今，古代シニシズムは社会の退廃の兆候ではなく，人生を肯定するようなポジティブな性質として理解されています。とはいえ，古代シニック派の哲学は解釈が難しいのも事実です。この難題は古代と現代のシニシズムについて多くを教えてくれるため，少々掘り下げていく価値があります。

三つの問題

初めに，古代シニック派の哲学は，その積極性に反してシニシズムに関する本の執筆を嫌います。シニック派の観点では，知識欲と学術的興味から書かれた本，特に学者が書く本は，個人の嗜好や気質，シニック派の哲学とは対極にある知的好奇心の産物です。古代シニシズムの意図はすばらしくあっても，その研究はシニック派の哲学の基本的な教えから徐々に外れ，求めている真の像をゆがめてしまうでしょう。

そのような本のなかで「ディオゲネス」は，「大多数の人が閉ざされた扉の向こうでやるような行為を公衆の面前で行い，

*2　古代シニック派：キュニコス派（ヘレニズム期のギリシャの哲学の一派で，犬儒学派とも呼ばれる）とほぼ同義である。詳細は18ページ参照。

プライベートな行為を屈折した恥知らずなパフォーマンスに変えることで有名である」と記されるかもしれません。シニック派における彼の存在の大きさを考えれば，古代シニシズムに関する本でディオゲネスの際立つ数々の逸脱行為を説明しないのは不自然でしょう。とはいえ，それらの逸脱行為が魅力的に捉えられている場合もあります。この手の本は，シニック派のあきれた側面に読者を徐々に慣れさせようとしているのかもしれません。ただ，冗長な導入に始まり，結局その本質は並びたてられた言葉に埋もれてしまうでしょう。そのような本は読者に対し，「シニック派の有名な行為は結果的に大きく節度を欠いていたものの，尊敬に値する独自の哲学の体現であった」と説きます。シニック派の逸脱に関するこうした説明は，逸脱にもっともな理由をもたせます。そのうえでシニック派の教えに代表される恥知らずな行為を，「大義」まではいかなくとも「哲学的使命を支える一連の真剣な行為」であるとして，正当化したりもしくは少なからず理解しようとします。

本書では上述のようなアプローチをとりません。シニック派の哲学に関する学術的な読み物ではありますが，シニシズムを本の目的の犠牲にするつもりはありません。本書はむしろシニック派の逸脱の問題に深く迫り，奇異で故意に屈折したシニック派の行為を取り上げ，偽りなく考察していきます。とはいえ，古代シニシズムにどんなアプローチをしようとも，それが直接的であろうとなかろうと，シニシズムの常識外れで反発的な力強い性質がそのまま伝わることはないでしょう。執筆するという行為はシニシズムの影響力を削いでしまうのです。古代シニシズムに関する本で，同時代のアテネ人がディオゲネスにどんなにあきれていたかを説明することは避けられません。が，人前での排泄や自慰といったディオゲネスの行動を描写することは，かえって彼のスキャンダラスな性質を薄めてしまいます。力のある知者がディオゲネスの意図を説明したとたん，そのスキャンダルの影響力は弱まるのです。

フロイトの著書『文化への不満』(1930年，邦訳：2007年，光文社)の脚注に，この逸脱の問題の説明に役立ちそうな記述があります。フロイトが論じているのはシニック派ではなく犬についてですが，「シニック」という単語は古代ギリシャ語「キュニコス」(意味：犬のような)に由来しているため，この二つの言葉には関連性があります。フロイトは，「犬」という単語が侮蔑の意味で使われる理由について説明しています。それを足がかりにシニック派の実践を知り，その反抗心を理解することができるでしょう。フロイトいわく，忠実な仲間として知られる犬が時に軽蔑的に用いられる理由は，絶対的に容認できない犬の二つの性質にあります。

フロイトの著書によると，犬には「排泄物に対する嫌悪感」も「自身の性的機能への恥じらい」もありません。この点は少なからずシニック派のディオゲネスの姿と重なります。彼はまさに犬のこの特性をなぞっていました。フロイトは，「人前でそれらを大っぴらにすることは文明化した人々への無礼にあたる」と述べています。なぜなら清潔さや秩序を求める姿勢は文明化した存在の一つの特徴であり，対人的な振る舞いやコミュニケーション方法を規制し，性的衝動を抑止するしきたりが付随しているからです。「犬」が侮蔑を意味する言葉として使われるのは，そのような価値観から外れた犬の性質にあります。そしてこの説明の前提には，ホモサピエンスが直立歩行への進化により，尻からの悪臭に耐えるのを拒むようになったというフロイトの説があります。このような祖先の性質は少なからず受け継がれます。もちろん人間が悪臭を放つこと自体は今も変わらず，だれもその解決法を見つけていませんが，フロイトが強調するに「人間はどれほど進歩しても，自分の排泄物の臭いがひどく不快なことにほとんど気づいていません」。フロイト理論でいえば，人は肛門期[*3]の影響を受けています。これには否定的意見もあるかもしれませんが，過度な清潔さや，犬のように振る舞う人間への軽蔑は，このフロイト理論のスキームでは症状とされています。ちょっとした汚物や卑わいなもので簡単にうろたえてしまうなら，文化的蓄積がいかに表面的で不確かであるか，ということを犬とシニック派は示しています。

フロイトの説明が認められるかどうかはともかく，この説はシニック派の恥のなさに関する問題を考察するのに有効です。

---

*3　肛門期：ジークムント・フロイトが主張する五つの心理性的発達理論（リビドー発達段階）の２番目の段階。生後１年半から３～４歳頃に，性感帯が肛門領域に移り，肛門領域に快感を得るという説。

シニック派の卑わいな行為は単なる過激な感情表現以上の意味があり，文化的生活や慣習の恣《し》意《い》性《せい》に注目させるという意図があったのではないでしょうか。古代シニシズムは文化的な存在のあらゆる特徴に疑問を投げかけます。そして，文明生活の功績が疑いや不信，時には徹底的な侮蔑をもって扱われるという逆転現象を導こうとします。シニック派はあえて怒りを買い嫌悪されることで，習慣的な表現に異を唱え，社会が目指す方向を変えようとします。また，当初シニシズムにあきれていた人々に対し，下等で劣っているものへの習慣的な軽蔑を生み出した力に疑問を抱くよう働きかけます。慣習に対するシニック派の批判は，ニーチェの著書の一節に出てくる「偉大なる軽蔑者」のように，それなりの反対根拠や努力，ある程度の事前訓練を必要とし，習慣化・構造化された安易な蔑視を飛び越えようとします。

上述の通り，シニック派の逸脱に関するどんな説明や究明も，その意図にどれほど理解を示したところでシニック派から当然の非難を浴びるはずです。自信にあふれ優れた判断力をもつ知者は，シニック派が反発する文化生活のなかで当たり前とされる慣習や考え方に基づいて行動します。その知者はシニック派の見解に不安も感じるに違いありません。シニック派の哲学を理解しようという歩み寄りすらも，彼らには物笑いの種なのです。シニック派のやり口を上述のような方法で説明する試みは，その哲学の怒りを買うでしょう。シニック派の逸脱に関するこのような説明が一笑に付されるのは，渦中の「お互いの尻を嗅ぎ合うことをやめた人間のような動物」に関するフロイト理論が疑わしいからではありません。理論をもち込むこと自体が，シニック派の観点からすれば軽蔑に値するのです。というのもシニック派の実践を理解するのにフロイトやほかの理論家，哲学者の説を応用したところで，古代シニシズムの意味は理解できないからです。理論の運用は，シニック派の哲学の実践と対極にあります。あらゆる知的活動や「高尚で」深刻な領域への取り組みは，シニック派の哲学との間に距離を生み，急進主義への理解を阻みます。シニシズムに関するどんな本もその目的を果たすことはできないはずです。本とは知者の産物，教育を受けた者のメディアであり，そうした教養のある者こそシニック派が揺さぶりたい最大の対象なのです。

この種の本における二つ目の主な問題点は，古代シニシズムとより最近の派生説との間にある，時間的そして性質的な大きな隔たりです。その溝は相当に深く橋渡しもできないほどです。一説には，古代と現代のシニシズムは根本的に違っているものの，歴史的偶然で，なんらかの歴史的な誤り，「シニック」という名称の誤帰属，まったく性質の異なる最近の社会現象への適用の結果として名を共有しているそうです。しかし，本書は古代シニシズムの性質が根強く残っていると考えます。もちろん，シニック派は基本的な歪曲から生まれているため，その後も歴史のなかでゆがみが起きていることでしょう。ここでは初期のシニシズムの奇妙な性質をたどりながら，現代社会における現代シニシズムの位置や機能を再考していきます。現代シニシズムは曖昧な性質があることを踏まえると，古代から現代へシニシズムが受け継がれたという説明は，本書のテーマである現代への理解に役立ちます。現代は，シニシズムを十二分に表現することをためらうかのように抑え込みがちです。そして同時に，シニシズムが膨らみ急速に蔓延していく状況を生み出します。古代シニシズムが対立的，時には攻撃的なやり方で存在を示すのに対し，現代シニシズムは不満という形で内々に示す傾向にあります。

現代シニシズムがわかりやすい表現を渋る問題については，本書の第７章，第８章で考察していきます。なお，三つ目および最終的な大きな問題点もこれらの章で取り上げます。古代シニシズムが非理想化を掲げていたように，現代シニシズムも強い否定に根差しています。仮に現代シニシズムに研究が必要とされているとすれば，そのシニシズムは治療を要する集団的または個人的な病として出現しています。個人であれ集団であれ，シニカルでない人物や会話を通じて自身が抱えるシニシズムからきっと救われるはずです。本書は一つの試みとして，現代シニシズムの最悪とされる性質を好意的に受け入れていきます。今日のシニシズムは，弱体化している既存の社会的・政治的・経済的秩序をむしばみ危険にさらすという意味では危険性をはらんでいるものの，それ自体が明らかな悪というわけではあり

古代シニシズムが対立的,
時には攻撃的なやり方で
存在を示すのに対し,
現代シニシズムは不満という形で
内々に示す傾向にあります。

ません。本書の締めくくりでは，シニシズムがネガティブな評価を得るのは当然としながらも，なお歓迎されている可能性があることを議論していきます。シニック派と現代のシニック主義者の教えには，何かを成し得る可能性を秘めた急進主義が存在します。

本書はいくつかの問題に向き合っていきます。一つ目は，古代シニシズムを現代の知的手法で説明する難しさ，おそらくは不可能に近いことについて。二つ目は，現代シニシズムおよび祖先の哲学との間にある大きな隔たり，どんな本でも結局は埋められないほどの溝について。三つ目は，古代と現代のシニシズムそれぞれが，容易にないがしろにされてしまう点について。古代シニシズムに関するどんな本も，そのボリュームにかかわらず，最近の学者が論じる古代シニシズムの変化，すなわち，勇敢で意図的な反体制文化的活動から内に秘めた波及的な現代のシニシズムへの変化における重要な点を説明しようとしますが，主題へのアプローチには歪曲した解釈がどうしても含まれます。それでも，歪曲が有益なものを生み出すことを期待して執筆されています。本書は特に，古代と現代のシニシズムが教育文化に与えた影響に焦点を当てます。現代シニシズムにおける教育文化とは，多様な制度的形態で施される教育から，教育を受けた者の価値観や行い，自己理解に至るまで非常に広義です。後の章で述べるように，古代シニシズムは同時代の教育文化や伝統的な価値観から逃れることはできませんでしたが，それらに対する反発行為で際立つ存在でした。文化を覆すというミッションを最終的に果たせなかっただけに，この点はあっさり見落とされ軽視されています。本書で明らかにするように，古代シニシズムが古代ギリシャで生まれたとされる時期のある段階で，教育を受けた西洋人の文化的覇権をどうにか揺るがしていたとしても，根本的にそれを阻むことはできなかったでしょう。人々の教育への傾倒を内側からぐらつかせ，公に疑問を呈するというシニック派の計画は実現されていません。古代シニシズムは今なお私たちに多くのことを教えてくれますが，シニック派が教育をあざ笑う様が終始見られることでしょう。

第2章

あらゆる規律を拒否：古代シニシズムとFearless Speech（臆せず語る）

ディオゲネスの人物像は捉えどころがありません。彼に関する数々の逸話は，3世紀にディオゲネス・ラエルティオスが執筆した『ギリシア哲学者列伝』（邦訳：1984年，岩波文庫）に収められています。同書は紀元前4世紀に生きたディオゲネスの死後から5世紀の時を経て世に出ました。これらシニック派哲学の回顧的記録は，失われた伝統を復活させたいというノスタルジックな試みや，「間違った」継承者に対するあらわな敵対心の表れでもあり，さまざまな目的を含んでいました。2世紀に書かれたルキアノスの風刺作品や，4世紀のユリアヌスの批判も収められています。現存するこの歴史的な記録は，シニック派哲学を完全に歪曲，改ざんしているとはいわないまでも正確性には疑問が残り，古代シニシズムは相変わらず研究者をかく乱します。

歴史研究ではよくある問題ですが，古代シニシズムの極めて回避的な性質のせいで問題はより複雑化します。シニシズムの研究（現代に行われるものも含まれる）に対するシニック派哲学の根強い反発にも，学者は向き合わなくてはなりません。仮にシニック派の教えがもっと直接的に伝えられ，私たちが当時の記録の正確性に確信をもっていたところで，古代シニシズムが理解しがたいことには変わりないでしょう。第３章，第４章で詳述しますが，古代シニシズムには理解を拒む理由があります。さらにいえば，古代シニシズムがかつてのバイタリティのようなものを維持している限り研究者は混乱に陥り，シニシズムの起源，機能，目的を理解しようという試みはみごとに逸らされるでしょう。一般的に，実態が大変つかみづらい研究対象への学問的アプローチは，都合のよい解釈や，その回避性を理由に正当化したさらなる研究，質問に次ぐ質問，多様な手法の試み，ディスカッションやディベートがなされ，研究者の鋭い視点や説明的な論理に反発している核心部分を掘り下げることで余計に問題を複雑にします。古代シニシズムを結果的に覆い隠すその曖昧さや外向的な反発心は，現代の研究者をかえって刺激し，古代シニシズムとの混乱を極めた対立が続いていくのです。シニシズムの実践や教えを学術的興味の対象とする研究活動を，シニシズムが抱く知的文化への敵意でもって阻止することはできません。近年，このテーマを扱う研究論文は相次いでおり，シニック派哲学の挑発に応じることは性質上難しいながらも，一つの研究分野として古代シニシズムの理解に重要な手がかりを与えています。

本書は，古代シニシズムのよき理解者のふりをして，現代の知的文化からの逃避がさも簡単であるかのような暗示をしません。本書では，教育文化とそれに根本的に対峙するシニック派哲学の功績との間にある緊張に注目していきます。古代シニシズムの教育的影響に関する考察は少なく，前例も数えるほどです。実際，シニック派の教育哲学について本書よりはるかに簡潔かつ無難な解釈をしている研究は存在します。それを概説するにあたり，ドナルド・ダッドリーの古代シニシズム研究を取り上げていきます。最近の研究の重要な礎となっており，ダッドリーいわく「シニック派の教育理論」という簡易的な考察を提供しています。

ダッドリーは，ディオゲネスの明らかな教育的活動を研究することで，シニック派哲学の教育的影響を理解できると考えます。ダッドリーはディオゲネスが家庭教師を務めていたとされる点に注目しています（『ギリシア哲学者列伝』に逸話の一つとして掲載）。ダッドリーは著書の前半で，ディオゲネスが海賊にとらわれた後コリントスのクセノパネスに雇われた（その息子の家庭教師を務めたとされる）話は「つくり話」だと論じていますが，シニック派の教育哲学を考察するためにこの逸話を取り上げています。ディオゲネスは自身がクセノパネスの奴隷かつ教師という立場から，生徒のモラル形成に細心の注意を払っていました。ダッドリーはディオゲネスを理想的な教育者と表しています。ダッドリーいわく，ディオゲネスの教育プログラムは「既存のさまざまなシステムの合成をシニック派の精神から解釈したもの」です。「一般的にギリシャの初等教育（運動能力の強化や節の暗唱など）は基礎能力を育成し，スパルタ式の教育（狩猟）やペルシャ式の教育（弓矢や乗馬）で補完される」とダッドリーは述べています。この逸話で注目すべき点は，「寡黙であり，路上の様子を気に留めない（原書から引用）」自立した人間の育成です。寡黙で秩序を守る生徒の育成にディオゲネスがかかわっていたことが特別奇妙に映らないとしたなら，それは生徒がディオゲネスに「厚い信頼」を寄せていたという証でしょう。『ギリシア哲学者列伝』にあるシニック派教育の描写は，別の箇所にあるディオゲネスのスキャンダラスで反発的な逸話に比べ，明らかに不足しています。同書は逸話を集めることに終始しているため，矛盾する説明が並んでいても，その齟《そ》齬《ご》を解決しようという試みはありません。それを考慮すると，同書の逸話に時折出てくる教育への直接的な言及を取り上げて積極的に解釈しようとするより，シニック派哲学の教育的影響をもっと広義で考えるほうが有意義です。そのようなアプローチが本書の特徴であり，ディオゲネスの家庭教師のエピソードよりさらに踏み込んで，シニック派の教育を広い視点で考えていきます。

古代シニシズムの概《がい》観《かん》を描くにあたって，本書は過去30年間に出された相当数の文献，特にミシェル・フーコーとペーター・スローターダイクの研究を大いに参照しています。両者は，それぞれのやり方で古代シニシズムの逸脱した巧妙な意図を非常に注意深く観察し解釈しています。実際，1983年のベストセラーでペーター・スローターダイク著の『シニカル理性批判』（邦訳：1996年，ミネルヴァ書房）と，1984年のミシェル・フーコーのコレージュ・ド・フランスの最終講義シリーズは，上述の研究や，古代シニシズムの意義に関する後続の研究に多大な影響を与えています。フーコーやスローターダイクの初期の研究を重んじる後続の研究では，古代シニシズムの影響を考察するにあたり，両者が一定の同意を示している反体制の文化的な実践に着目しています。

初期のシニック派が書いた本はほぼ現存していません（ディオゲネスの著作に至っては一切ありません）が，古代の一部資料から歴史のなかで失われてきた本のタイトルが報告されています。シニック派が残したこれらの作品は，従来の書き方を滑稽にまねたり（メニッポスの風刺作品など），批判の演説といった文字以外の手段で慣例を覆したり（ボリュステネスのビオンなど）と，型破りに見えます。また，シニック派の著作が存在する場合，そこには著者の生き様を知るうえで派生的な重要性があります。もしディオゲネスが本を書くなら，彼の執筆に向かう姿勢は次の逸話から想像がつきます（古代の全資料で確認されているわけではありません）。ヘゲシアスがディオゲネスに筆記用具を貸してくれるようお願いすると，ディオゲネスはこう答えました。「君は愚か者だ。イチジクなら絵に描かれたものを選ばず本物を選ぶのに，真の修行は見過ごして明文化された規則に従うなんて」。そのほか多くの古代哲学と同様に，シニック派の教えも当初は口頭伝承され，生活様式として受け入れられていました。大部分の哲学と異なるのは，シニック派の原理を成文化して規範をつくるようなシニック派の学校は一度も設立されなかった点です。そのほかの哲学が選ばれた者の間だけで高度な形で実践されるものであったのに対し，古代シニシズムは広く一般の人々を対象にしていました。シニック派は，従来のように明解に確立された哲学の教えでなく，外に向けた行動や人前での自己表現で知られていました。シニック派は，形式的な講義や確立された哲学で用いられる高尚な言葉に，意義をほとんど感じていませんでした。ディオゲネスは周囲に自分をペテン師だと思わせ，「哲学者」の肩書に値するのか疑わせることに全力を注ぎました。このような古代シニシズムは「偽りの哲学」として即追放されてしまいそうな立場に常に置かれており，そのほかの立派な哲学からすれば取るに足らないレベルでその成功が測られます。本章および次の章を進めるにあたり，シニック派哲学を象徴する「対話をナンセンスだと考えるシニック派は，批判の代わりに放屁する」という表現を念頭に置くとよいかもしれません。

哲学としての立場

古代シニシズムには定まった教理がないことを考えると，哲学的立場（規範内での位置づけ）を確立するのが難しく，「終わり」の定義やテロスと呼ばれる「哲学的な目的」がなく実践されていたようです。ストア派やエピクロス派などの目的論的な哲学とは対極にあります。そのため，なんとかしてシニシズムを哲学的規範の枠に含めようとする者もいれば，代わりの知的枠組みを用い，自由，自制，幸福，美徳，世界主義そして本質への基本的な関与をそこに結びつけることで，シニシズムを認めようとする者もいます。一つの異なる見解として，シニック派哲学の有名な教義は「その場その場の即興の繰り返しの結果」ともいわれています。基本原理もなく，初めから存在していたものでもなく，そのポジションを与えられただけということです。ここでは，シニック派の主な考えや手法は遡《そ》及《きゅう》的《てき》に明らかにされました。私たちが今向き合おうとしているこの遡及的なアプローチは，シニシズムを具体化してその輝きを奪い，そのほかの哲学とは一線を画すシニシズムの反発衝動，狡猾な遊び心，巧妙な即興を過小評価することになります。このような解釈方法が確立し体系化されれば，シニック派の教えに定まった印象が植えつけられるでしょう。シニック派の教えを説明することは，事実上シニシズムを殺すことになります。

プラトンは哲学者の概念を「時と永遠の傍観者」としていますが，ディオゲネスは「偶然性の哲学者，樽のなかで生活する哲学者」と表されます。あたかもシニック派哲学のテロスがその生活様式にあるようで，定義としては行き過ぎた表現です。

あるストーリーでは，シノペ生まれのディオゲネスは，やむを得ず路上生活をしていたとされています。彼はアテネ出身ではなく，ギリシャの辺境地から国外追放者として故郷を離れ流れ着きました。さまよう移住者であったためコミュニティから歓迎されない存在でした。彼は甕《かめ》を住処にしていたことで有名ですが，これは単に彼の望むような質素な家が当時見つからなかったからです。生活するのみならず入って転げ回っていたとされるその甕は，のちに彼の逸脱した巧妙なシニシズム，規律を無視した強情な反発分子の証として重要な意義をもちます。

もしシニック派哲学が予測不能に即興で実践され，最重要視しているものを主張する教義や宣言から始まったものではないとすれば，その発展やプロセスは背景に応じて理解する必要があります。シニシズムの本質や意図を定義づけ，さらには規範的な声明を引き出そうとする者は，おそらくシニック派哲学が望まない真逆のアプローチでそれを定義しようとするでしょう。繰り返しになりますが，シニシズムはそのような解釈者を阻み，その単純な思惑に乗りません。シニック派は単に反発しているわけではなく，与えられた評価に照らしてシニック派哲学を定義しています。シニック派はそのイメージとは裏腹に，美徳の追求について一切反論していませんでした。すなわち，彼らは美徳といったものに対し原理づけられた哲学的な異議がなかったということです。彼らが軽蔑していたのは，美徳が正統な原理に基づいて高尚な場で育まれるべきだという考えです。彼らは西洋哲学やその教育的・宗教的遺産を支える教育の前提を打ち壊すため，「美徳への近道」を試みて非難されたのは周知の通りです。セネカ（1世紀の政治家で皇帝ネロの家庭教師を務めた）いわく，「美徳はすべてしつけや訓練によって養われ，絶え間ない訓練によって完成される一つの性質です」。セネカによれば，美徳は造詣が深く賢い，裕福な者の所有物であり，美徳の「最大の長所」はその排他性です。「知恵およびそれが育む美徳は，あらゆる者に与えられる神の賜物ではないという事実にこそ，気高さと壮麗さが存在する」とセネカは続けます。否定を基本姿勢とするシニック派ですが，教養のある者に根差したこのうぬぼれがシニック派の攻撃の対象になるのは明白でした。

シニック派は文化と直接的に対立していたわけではありません。シニック派の反体制文化的な批判の対象を単純化しないよう，十分注意する必要があります。**路上のシニック派**はのちに，教養を意味する「パイデイア[*4]」，すなわちユリアヌスのような哲学者でもあったローマ皇帝の学習された文化に異を唱える際，複雑で不明瞭な文化現象に直面しました。ピーター・ブラウンによると，パイデイアを単なる排他的システムと理解するべきではありません。すなわちパイデイアは，ローマの貴族階級や政界のエリートが，自分には文化と教養を担う役目がある

*4　パイデイア：ギリシャ語で子どもを教育するという意味だが，その後「教養」「教育一般」「文化」の意味で使われるようになった。

として「高い」地位を主張するためのシステムでもありません。もしそうであったなら，シニック派の役目は比較的明瞭で，実践すべきことはただ一つ。パイデイアは貴族階級が立場を向上させるために偽られた恣意的な文化的価値であり策略だ，と暴露することです。そしてパイデイアを文化的抑圧の主犯格として攻撃すればよいのです。しかしながら，貴族階級の指標，礼儀の体系としてのパイデイアは，単に権力者の立場を高めたわけではありません。ブラウンの分析によれば，「権力者の対応を形式化し，堂々とした振る舞いで本来の気質を抑えることにより，権力者はコントロールされています」。形式化することで，皇帝の権力の猛威を制御でき，それを常識的な範囲に収め，予測可能となるのです。貴族の儀礼は「教養のある者の足元まで迫ってきた恐怖」に対して不利に働きます。そう考えると，シニック派の役目は偽られた文化を壊して放っておくことではありません。それは皇帝の権力が暴走するきっかけを生み出すことにつながります。この点から，古代シニシズムは単に反文化的なのではなく，文化を複雑に構築し，それに支えられる権力のシステムを厳しく批判しているのです。

臆せず語る

シニック派哲学の知的文化への反発から，シニック派が暴力的にそれを打ち破ろうとする知識人集団であるかのように捉えるべきではありません。シニック派は，自分たちが生きる世界を理解しようとする試みを否定していません。彼らはただ，特定の哲学諸派が承認した合理的な慣習を取り入れることでのみ正しく世界を理解できる，という一般的な先入観，すなわち現代でいう，知性は特定の規律，手法，書き言葉や話し言葉の様式に忠実であるべきだという考えに疑いをもっていました。シニック派は偶然性の哲学者として，不確実な生き方を実践し「持たないこと」を嘆きません。シニック派の生活は，当たり前の存在の境界線を揺るがし，探っていく実験的なものと描かれています。その意味ではよくいわれるように，シニック派哲学は「存在の物質的な状態を具体化する偶然性を軸にした対話」を行います。ミハイル・バフチンの説によれば，対話は，広範囲の長期にわたる革命において最初のきっかけとして用いられます。比較的定着している慣習的なパラメーターを優先する文学形式が主流のなかで，即時性のある背景と実験的な試みを生み出します。バフチンの説によれば，シニック派がとりわけ主張している予測不能で制約のない「私的な考え」によって，「公の場」，その冷ややかな視線，揺るがぬ価値の序列を支持し，下位文化を徹底的に無視する姿勢といったあらゆるものと闘おうとしていました。ディオゲネスはこの試みを敵対的なスタイルで実践しました。相手を挑発し，それに対する反論を受け止めることで限界を理解します。そして限界に合わせて，または限界を超えた生活様式を即興で実践しようと試みます。知的文化の慰めや甘い幻想を拒絶し，社会からの疎外や政治的報復のリスクを覚悟し，貧困や肉体的苦難を積極的に受け入れるという実際的な対立を通して，シニック派は世界を理解しようとしました。

巨大な権力に対するシニック派の挑発を表すものとして，ディオゲネスとアレクサンドロス大王の有名な逸話があります。「ディオゲネスが日光浴をしていたとき，彼を訪ねたアレクサンドロス大王がそばに立った。『何か望みはあるか』と聞く大王に，ディオゲネスは『日陰になるのでそこをどいてください』と答えた」。この逸話は多くの本で紹介されています。権力を前にしたシニック派の高潔さ，大きな誘惑にもなびかない貧困への傾倒（キリスト教的解釈でいう神聖な美徳のしるし）の例として，また，哲学的自立やシニック派哲学の強い至高の表れ，そしてアレクサンドロス大王が彼を認めた証として考えられています。『ギリシア哲学者列伝』のなかには，「アレクサンドロス大王は『もし私がアレクサンドロスでなかったなら，ディオゲネスになりたい』と言った」という逸話もあります。この逸話では，ディオゲネスは権力に対しあからさまな抗議をしておらず，一貫してひるむことなく「権力者に対し真実を述べる」姿が描かれています。これもまたシニック派の批判精神の一つであり，この点においてディオゲネスは模範的な抵抗者であると考えられます。もし現代シニシズムが古代から学ぶものがあるとすれば，「いかなる状況でも権力者に真実を述べ，権力者を崇拝せず，試練を受けても語調を緩めない」という姿勢でしょう。しかしながら，数多くあるアレクサンドロス大王の逸話を考えると，これが（めずらしい話ではないにせよ）誤った見方である可能性があります。つまり，明らかに無礼な哲学者に対する大王の寛容さと知恵についても触れるべきです。アリストテレスの生徒でもあったアレクサンドロス大王だからこそ，哲学の声に心を動かされるのです。また，この逸話によってシニック派哲学のずる賢さを見逃してしまう危険性があります。シニック派は無礼で勇敢であることに間違いありませんが，ここで述べられたような掟，すなわち，「優れたシニック派は権力者に常に真実を述べる」というルールに縛られることもありませんでした。

とはいえ，臆せず語る「パレーシア」[*5]は，シニック派哲学を説明するうえで繰り返されるテーマであり，フーコーの解説でも有名です。シニック派をテーマにすると，自由に語るシニック派哲学者の大胆さが目立ちますが，パレーシアはほかの者，とりわけソクラテスにもあてはまります。彼は対話として言論の自由を行使しました。またパレーシアは自由市民が耽る交流手段としてギリシャ・ローマの文学にも繰り返し登場します（虐げられた立場の者，女性，奴隷，外部者，子どもはパレーシアのやりとりに参加できませんでした）。パレーシアは古代で明らかに違った形をとっていましたが，古代シニシズムは，

*5　パレーシア：ギリシャ語で「臆することなく話す」こと。「危険を冒して，真理を語る」こと。フランスの哲学者のミシェル・フーコーが古代ギリシャのパレーシアについて論じたことで，新たな注目を浴びた。

その基本定義を，対象者はだれなのかという観点から拡大しました。同時に，対話を言論の自由が容認されなくなるレベルにまで突き進め，暴力的な実力行使に置き換えます。パレーシアを実践する自由は，一般的に「民主国における市民の権利，または貴族階級の特権」と関連しているため，ディオゲネスのパレーシアに対する主張は，「社会的階級の底辺の困窮する非市民」が発する声として大胆な行動であったとされています。パレーシアは，礼節の慣習によって支配されているエリートという状況から脱して，自制を拒否し，本来ではあり得ない状況下で実践されるよう改変されました。

古代シニシズムはそのほかの点でもパレーシアの性質をゆがめました。パレーシアは対話者間で，相手の自由な言論に対しやり返さず辛抱するという合意の下に成り立っていました。シニック派哲学はこの合意の限界に挑みました。シニック派はパレーシアを侮辱のほうに向け，フーコーいわく「パレーシアの決まり事の極限で」活動しています。これは，勇敢さと敬意をもって伝えづらい真実を効果的に伝えるという，従来のパレーシアの形ではありません。さまざまな面で理想的な西洋の教育者と称されるソクラテスと違い，シノペのディオゲネスをはじめとするシニック派は，表面的な敬意のうえに成り立っているような，慎重に規制された冗長な対話をするほどの礼節をもっていません。ディオゲネスの対話は，その猛攻に相手が応じようが応じまいが関係なく，エネルギッシュに外に向けられるものでした。これには異なる類の勇気が必要です。ソクラテスは，対話や策略，無知に対する皮肉，無知であることにも気づいていないことへの皮肉で仲間を説き伏せ，怒りまではいかなくとも相手をいらだたせるリスクを負っていました。一方，シニック派は聴衆が真実であり正しいと信じるすべてのものを拒否して軽蔑し，彼らを激しく非難するため，公然と報復を受けるリスクを負っています。ソクラテスは教師として，対話の相手から知恵への渇望を引き出し，熱心かつ徹底的に学びに打ち込むよう促すために「対話者の無知と戯れている」のに対し，ディオゲネスは相手のプライドを傷つけようとしています。シニック派が人前で臆面もなく恥をさらし意図的に無礼を働けば，すぐに対話は辛辣な批判や侮辱に変わるか，完全に中断されます。ソクラテスのアイロニーは友人や知人の間で実存に対する疑いを生み出すことに注力しているのに対し，シニック派は暴動を引き起こそうとしています。

シニック派は何ものにも縛られていないため，もしくはそうでありたいがために，恐れることなく大胆な対話をします。シニック派は制約として機能する義務から自由になろうとします。このような制約のなかで最も際立つのは，自制を助長する良心の働きです。フーコーいわく，これはキリスト教界の長い隔たりの間に完成し，後世に受け継がれて近代化され，現代・近代の人々を拘束するものとなっています。ここで再び注意が必要です。シニック派が家財からも解放され何も持たないこと

ソクラテスのアイロニーは
友人や知人の間で実存に対する
疑いを生み出すことに
注力しているのに対し,
シニック派は暴動を
引き起こそうとしています。

を望んでいたという話は，完璧なシニック派は一種のソシオパス[*6]（社会病質者）であり，大胆で脱抑制的，悔恨とも無縁といった印象を与えるかもしれません。この性質は，勝手気ままに邪魔されることなく自身の逸脱の哲学を追求する動力となるでしょう。しかしながら，シニック派哲学はソシオパスとしてイメージされるよりも，疑いの対象である社会規範をはるかに深く理解しており，一部重複する部分ももっていました。シニック派は献身的に社会規範の複雑な解明に挑んでいます。シニック派哲学は，解放，逸脱，慣習の無視を主題とした安直な逃避から形成されたものではありません。シニック派いわく，逃亡者は本人が自覚しているよりも多くの荷物を常に背負っています。

窮乏化

逃避の難しさは，シニック派の窮乏化の実践が証明しています。この実践は，自由の追求，しがらみから解放された人生が逆説的結果を生むことを示します。シニック派は身に着けている物を脱ぎ，過分と思われるものを排除し，依存することで自らの束縛につながる物を捨てることから始めます。理解しがたい有名な逸話として，ディオゲネスは最低限の持ち物の一つであった木製のコップさえ捨てたといいます。ある少年が手で水

---

*6　ソシオパス：反社会的な行動や気質を特徴とする精神疾患（パーソナリティ障害）を抱えた人のこと。精神医学分野では「反社会性パーソナリティ障害」と呼ばれている。

をすくって飲む姿を見たディオゲネスは，コップすら不要な荷物であると気づいたのです。フーコーの解説によれば，このように過激な信条をもつシニック派は「可能な限りの極貧状態を常に求めていました」。シニック派の貧困は「絶対的に不可欠なものに立ち返りたいという納得することのない貧困」であり，「果てしなく終わりのない貧困」でした。この意図的で止まらない窮乏化により，シニック派は不衛生で外見も乱れた生活を送りましたが，富や文明社会からの解放といった非依存性を維持することができました。とはいえ，窮乏化の追求は同時に，シニック派と物質的に優位に立つ者を結びつけることにもなりました。シニック派は他者からの施しにますます依存するようになり，たちの悪い依存性が生まれました。「自由」市民の間で面子が美徳と同じくらい重要視されていた社会的状況を考えると，この必然的に着せられる汚名は決して侮れません。このような形で不名誉を求めることは，違う生活を送るというシニック派の決意が試される根本的な試練でもありました。また，シニック派の貧困はロマンチックに気取れるようなレベルではなく，極貧の不名誉を意図的に求めるものでした。おそらくは，最大の屈辱に打ち勝てる者こそが，すべての誤った行動規範や品性の概念を徹底的に取り払うことができるのでしょう。奇妙なことに，非依存への道は，他者から施しを受けるというシニック派の鼻もちならない依存を通ります。非依存の精神を高めるために，シニック派は施しを与えられても断固として感謝の気持ちをもたず，批判する者に対しても無関心でいるよう努めなければなりません。1枚のポートレートには，コリント出身の1世紀のシニック派，デメトリオスがローマ皇帝から与えられた金銭を拒否する姿が描かれています。彼は「もし皇帝が私を誘惑したいのなら，帝国全土を私に渡すべきだった」と答えています。

肉体を重んじる教育者

古代シニシズムは，価値観やそれが依存する教育の慣習を意図的にかく乱します。さらに，ややスキャンダラスに表現するなら，シニック派が教育に関連するものを侮辱の形でさらすことで，西洋教育の侵略性を浮き彫りにしました（第3章で後述）。その際，シニック派は教義の実践の中心に肉体的鍛錬を据えました。プラトニズムの厳格な禁欲主義に比べて，シニック派哲学の教育的活動は本質的に統制できない肉体の経験に根差しています。肉体は服従させようとすれば必ず抵抗します。これをプラトンの対話篇『パイドン』と比較してみましょう。そこでは，肉体を「人間から考える機会を一切奪ってしまう愛や欲望，恐れ，あらゆる類の幻想，数あまたのナンセンス」の根源であり人間をかき乱すものとして概念化しています。私たちが肉体から悪影響を受ける限り，「真理であると確信する対象物に対して満足を得られる見込みはない」とプラトンは続けます。シニック派は，真理および真理が生まれた経緯に対する

シニック派哲学の教育的活動は
本質的に統制できない
肉体の経験に根差しています。

理解を根本的に変えようと，肉体は別々に作用すると考えます。シニック派の真理とは，醜聞の産物（ミシェル・フーコーの言葉でいう「真理の醜聞」），肉体およびそれが放つものによってもたらされる事象として現れます。このような醜聞は，真理や知恵が具現化したり成就したりすることはあり得ないという前提で，それらに対する制限的な理解を甘んじて受け入れる教育制度に疑問を呈します。シニック派は，この教育が肉体を期待通りに適応させようと，決して実現しないにもかかわらず準備をしていることに言及しています。それに大きく反して，自由でばかげた即時的なシニック派の真理が現れたとき，「真理の本当の姿が浮かび上がります」。シニック派の真理は，従来の真理の曖昧な真剣さ，改善を主張しながらいつまでも先延ばしにする姿勢を批判し，生活スタイルでそれを示します。

シニック派の真理はシニック派の肉体にひもづいており，高尚とされるものの価値やそれが人に要求することに疑問を呈して事実を証言します。プラトンは「魂の存在を肉体から根本的に分離しているものとして定義」しようとしていましたが，シニック派は反対に，「命を命そのもの，真理のなかにあるもの」に帰着させようと考えます。フーコーの説によれば，この基礎的な真理はシニック派としての生き方そのものを通じて明らかになっています。シニック派は（かの有名な外套と杖以外の）最後の所有物をただ単に捨てたわけではなく，「実在するものを全面的に削いでいくこと」により，「あらゆる無意味な慣習と不必要な評価」を捨て去ろうとしたのです。

「真の生活」はそれぞれのケースに応じて違った形をとります。プラトンにとって，生活はシンプルなもの，その意図を隠すことなく，逸脱せず真っすぐに高い次元へと上っていくものです。この理性的な生き方は，「数えきれないほどの欲望や欲求，衝動の餌食になっている」者のそれとは対極的です。真の生活は，プラトンとその後継者が概説するように，倫理的な秩序を遵守して評価されますが，それ以上に全体的な（見た目に明らかな）調和によって評価されます。それは逆境に遭っても変わることのない生活を指します。より高次元の存在へは，社会の腐敗や激変のなかでも揺らぐことのない安定したアイデンティティを維持できる強さと自制心をもつ，ほんの一部の者だけが到達します。初期の教育を受けているエリートの，さらにはっきりいえば，教育を受けておらず教養のない一般大衆より高い自分の立場を正当化する者の生活こそが，真の生活です。マルクス・アウレリウス，セネカ，ユリアヌスといった哲学者でもあり皇帝や政治家でもある者が望む生活がまさにそれです。その後いくらかの改変を経て，19世紀のリベラル・エデュケーション（教養教育）やそこで理想として描かれる男性像，リベラルな「紳士像」の土台となる概念が形成されていきます。あからさまなエリート主義ははぎ取られたものの，節度の美徳や比較的快適な立場の維持をよしとする教育を受けた者の名の下に，今日に至るまで私たちに影響を及ぼしています。

これは反論に値する考え方であり，現代の手ぬるい非宗教的な社会，そして「物質的豊かさ」，分別，洗練された知性をもつ者をより重んじる教養のある者の間に，今も存在しています。一方，シニック派にとっての「真の生活」はまったく異なり，犬の生活がそれにあたります。ディオゲネスは「犬」のような生活を送っていたことで知られていました。「夕飯時，まるで犬に餌やりをするように彼に骨を投げる者もいました」が，ディオゲネスは「彼らに小便をひっかけ追い払いました」。人前でははばかられるような行為をするという意味で，ディオゲネスは自身の哲学に忠実であり続けました。彼は，プラトンが推奨する姿勢，すなわち，真理に対し絶え間ない献身を惜しまないこと，そして逆境に遭っても不変であることを，過激化しないまでも拡大解釈しました。犬のふりをすることで，ディオゲネスは自身に向けられた屈辱を反転させました。彼は自分の風刺を受け入れ，小便をかけて相手の尊厳を傷つけ，慎み深さも恥もなく行動しました。

第3章

貨幣の価値を貶める：常軌を逸した古代シニシズム

文明社会の観点からすれば，犬にはトイレのしつけが必要です。犬は自制を覚え，飼い主の意思に忠実に従わなくてはなりません。ギリシャの哲学者にとって，統制は自らの足元から始まります。「真の生活」は，哲学者が実践している，もしくは目標とする「至高の生活」，すなわち自制として解釈されています。この生活は，高いレベルで自己統制を試み，知性が精神と肉体の機能を支配するという「至高の」ものです。そのため，哲学者は概して，規律やコントロールされた冷静沈着な精神から逃れることはできません。

この種の冷静さは，プラトンが描く哲人王の高い理想であっただけでなく，セネカをはじめとするローマ・ストア派の理想でもあります。このような哲学の極めて男性的な概念により，至高の生活は他者にとっても有益であると信じられています。実際，至高の生活の寛容さは，あたかもその存在にとって不可欠なあるべき要素のように内包されています。哲学者は，自制を覚えるための自己管理（熱心な禁欲主義）を生徒や友人にも奨励し，助言や指示を与えていました。哲学者の生活は，普遍的とまではいかなくとも広く意義のある教訓を含んでいるため社会的にも有益です。至高の生活の華麗さや輝き，徹底した自制生活は，この観点では「人間を魅力的な存在にし」，教えを施します。哲学者がその模範的な人生を終えた後でも，大きく影響を与え続けることでしょう。

この理想の精神は長きにわたり重視されました。たとえば，19世紀にリベラル・エデュケーションが復興した際は，一般的な学校教育が発展するなかでこの理想が再び控え目ながらも取り入れられました。教師は宗教色のない聖職者として，子どもがまねるべき道徳上の手本として振る舞うべきだ，という考えが根底にありました。このような考えは，現代の人文系カリキュラムに関する議論のなかでも見られ，分断の時代，つまりどの時代より困難に直面している現代において，文化的で教養のある者は社会的重責を負う必要があると主張されています。「特に高等教育機関の人文科学は，それらが本質的に『文明化』，すなわち秩序の形成を支えているという昔から続く前提のうえで成り立っている」ことは今も変わりません。教育実践において，この理想と現実の間には長らくずれが生じています。シニック派でなくてもこの点を指摘する者はいるでしょう。しかし，シニック派はさらなる議論を展開し，リベラル・エデュケーションの有益な人間主義（ヒューマニズム）に逆行する存在を示しています。

「真の生活」と同様に至高の存在という考えも，シニック派の屈折した表現によって侵され傷つけられます。至高という概念自体が覆され貶められます。さらにシニック派は，至高の存在として人々の「王」になると主張し，至高の存在の立場を利用してその力を現実に引き戻します。シニック派はかなり違った形で「至高の」冷静さを手に入れました。前章の内容を掘り下げると，シニック派は完全に異なる方法で世界とかかわっていくために，「自身が耐えうることの限界を超えて」，極貧を追求することを選んでいます。この「至高の」生活は，他者に対する義務を必然的に伴っています。すなわち，リベラルな考えをもった思想家が「注意義務」と呼んでいるものです。シニック派の生活においては，他者とのかかわりのなかに感謝の気持ちをもちません。シニック派は手本になるような美しい模範例を他者に提示しません。シニック派の生活は人間を飾り立てることをしません。シニック派の存在は，共通の人間性のなかで最も価値ある概念を個人的にも社会的にも傷つけます。シニック派は社会的な有益性を与える役目を担っていますが，シニック派の寛容さは意図的に辛辣です。ディオゲネスは「ほかの犬は敵に噛みつくが，私は友に噛みつく。それは友を助けるためだ」と述べています。

攻撃的な教え

フーコーは，シニック派を「周知の通り痛烈な批判を武器とする攻撃的な支援者」と表しています。シニック派は「正々堂々と意見を述べ非難し」，その哲学には意図的であけすけな暴力性があります。とはいえ，シニック派哲学を「暴力的なアプローチで他者に恩恵を与える哲学」と描写するのは，シニック派が安直な攻撃者であるように思われる危険性があります。ディオゲネスは周りの人々にとって魅力的な存在でもあり，彼らにお世辞を言うこともありました。攻撃性と人を惹きつける魅力を兼ね備えている点は，シニック派の柔軟性を表すよい例でしょう。柔軟かつ好戦的な性質は，人とのコミュニケーションにおいても発揮されました。シニック派は対話者を戸惑わせ不意を突くような発言をする一方で，相手の自尊心を高めてよい気分にさせることもありました。これは「次なる攻撃の一手を喰らわすため，そしてその効果をいっそう高めるため」でした。1世紀の著名な弁論家，ディオン・クリュソストモスいわく，ディオゲネスは「子どもに鞭を与えた後，安心させて喜ばせるように語りかける保育士のような」甘い言葉を使います。シニック派の攻撃性に過度に注目することは，一見親切なそのほかの善行の秘められた暴力性を見落とし，そこから注意を逸らされてしまう危険性があります。哲学者が魂の救済者として認知されている古代の哲学諸派では，その寛容さに攻撃性はありません。これが各学派のスタイルの表れであり，そこでは哲学の暴力性を，避けては通れない不快感，魂の転換にどうしても必要な痛みの種類として再定義しています。品行方正な哲学の見地からすると，魂を救済する哲学者を攻撃的と評するのは，手術を行う医師を暴力的な加害者というようなものです。しかしながら，魂の救済と称して魂に立ち入る哲学が正当化されるのは，実践家の哲学が尊敬されている間だけでしょう。古代シニシズムはそこに切り込みます。哲学の暴力性に注目を集め，すべてのライバルを低く評価することで，古代シニシズムは「もし私たちがその哲学を疑えるなら，その攻撃性を目にするに違いない」と指摘します。助言を快く与え，自らが模範となり人間を「魅力的に見せる」ような哲学者もまた，自身の善を勧めるにあたって攻撃性を備えている，と古代シニシズムは主張します。シニック派は自身の攻撃的な姿勢をあからさまに見せつける唯一の存在です。

教育的なかかわりにおいて，古代シニシズムは「闘いの形」を明確に取り入れており，「激しい攻撃の時間と平穏な瞬間」を両立させています。プラトン学派やストア派の闘いでは，教養や自ら認める立派な哲学の知識が用いられます。それも一つの闘いであり，その相手は感情や不道徳，欲望，誤った欲求です。哲学者は「欲望を抑えた理性の勝利，肉体を征した魂の勝利」を求めています。目的によっては，他者のために闘うこともあります。

シニック派も感情と欲望を相手に闘っており，その点では立派な同時代の哲学者らと大差はありませんでした。ただし，対象を「習慣，慣習，制度，法律，人間を取り巻くあらゆるもの」にまで拡張しています。悪習との闘いにおいても，それを個人の欠陥としてではなく，「人類全体を悩ます人間の悪習」とみなしています。フーコーによれば，悪習とは「習慣，物事の進め方，法律，政治組織，社会的慣習を具体化し，頼りにし，それらが根差すもの」です。さらに「シニック派の矛先は，実生活のなかでの人間に向けられ，明示的で意図的かつ一貫して攻撃的」と続けます。ここでは人間を創造物，再構築可能な物体として解釈しています。同時代のその他あらゆる哲学と同じように，古代シニシズムは道徳的態度，感情，欲望を変容させようとしていますが，これらを生み出す体制や慣習を攻撃することで成し遂げようとしています。シニック派は人間の付属物を取り払いたいと考え，激しい怒りを呼ぶほどに大きく介入しました。無意識に負っている義務を表面化させ，それらを可視化して変えていくことが狙いです。一方，従来の哲学者が提唱する「真の生活」は，普通の生活では表出しにくい完璧な美徳や良質を求めます。これは反革命的とはいわないまでも，明らかに保守的な考えです。

貨幣の価値を変える

ディオゲネスの異質さは，アポロン神殿の巫女によるデルフォイの神託を受けたエピソードに迫ることで明らかになるか

シニック派は
人間の付属物を取り払いたいと考え，
激しい怒りを呼ぶほどに
大きく介入しました。
無意識に負っている義務を表面化させ，
それらを可視化して
変えていくことが狙いです。

もしれません。ソクラテスが「ソクラテス以上の知者はいない」という神託を受けたように，ディオゲネスも神託を受けました（もしくは彼自身が「偽りの神託」をでっちあげました）。ディオゲネスと神託との出合いは，ソクラテスの伝説のパロディとして「悪党が神託の威厳を利用した」と描かれています。ディオゲネスは「貨幣の価値を変えよ（パラハラッテイン・ト・ノミスマ）」という神託を受けたといわれています。「ノミスマ」には，法定貨幣などのほかに規範，習慣，法律の意味もあります。この神託は，ノモス（法）とのある種の対立，ノモスに対する疑問を引き起こし，貨幣の価値を変えよという指示は，犯罪行為ではないものの，破壊的行為として解釈されるでしょう。このデルフォイの神託はシニック派にとって重要なものとなり，流布《るふ》している社会的慣習にシニック派が介入するというスタンスを推奨しているよう見えます。とはいえ，貨幣の価値を変えよという指示は不明瞭です。限定的かつ単純に考えれば，硬貨を商品やサービスと引き換えられないようにして効力を弱めることで，硬貨の価値は下げられます。言い伝えによると，ディオゲネスの父はシノペの貨幣鋳造所の責任者を務めていました。発掘された大量の偽造硬貨が，この時代に「野蛮な」偽造硬貨づくりが横行していたことを証明しています。硬貨には大きな傷がつけられており，これは偽造硬貨を流通させずに真の通貨の価値を維持するための策でした。デルフォイの神託は，忠実な解釈として「貨幣の価値を減じよ」という意味で理解されました。この文字通りの解釈に対してフーコーは，誤った価値を単に消し去るのではなく，変えるという考えに共感しています。フーコーのさらなる分析では，シニック派の「パラハラッテイン・ト・ノミスマ」を，ニーチェが述べる「すべての価値の再評価」として解釈しようとしています。具体的にいえば，硬貨の肖像（在位している君主など）を傷つける，もしくは消し去ることは，そのメッセージが崇拝ではなく搾取や公認の残虐行為の意味をもつように置き換えること，修正することにもなり得ます。つまり，貨幣経済のむごい真実として見えるものを単に明らかにするのではく，肖像をライバルのイメージと置き換えることで，存在は別の方法でつくり上げられる可能性を示唆するのです。「より優れ，より適切な別の肖像」が刻印された硬貨に，「本当の価値をもたせて流通させられるようになります」。シニック派は，より優れた貨幣をつくることで従来の通貨こそが偽物であると示そうとします。貨幣は社会的慣習を如実に表すという考えの下，シニック派はそこに切り込むことで，私たちの生活も「偽りにすぎない」と示しているのです。この点において，貨幣の価値を変えよという神託は，価値の再評価の試みとして理解できます。価値のあった硬貨が無価値となり，無価値とみなされていたものが価値を得るのです。

シニック派はおそらく，「流通において真に価値をもつ貨幣が本物の貨幣」という概念により，この転換現象を具体化しました。これは既存の価値構造をむしばみ，「存在するものの従来の形をあらゆる面で」打ち壊そうとします。フーコーによると，古代シニシズムは自身が物笑いの種になることで，「世界を変えるに違いない別の異質な生活」，すなわち「別の世界のための別の生活」の必要性を主張しています。古代シニシズムは，争いは避けられないものの，（別の貨幣を鋳造できたように）まったく異なる存在の秩序をもたらすことができると強調します。古代シニシズムは，周囲の環境と根っから対立する生活様式を追求することで，そこにあるすべての制約を浮き彫りにします。プラトン派が考えるイデア界，すなわち超越的世界*[7]と違い，シニック派が考える別の生活とは，現実世界の生活の制約を破り，内在的な批判を通して発展します。

洗練性

このような特質があるにもかかわらず，ディオゲネスやシニック派の生活様式は，まるで彼らが動物的欲望に立ち返ることを推奨しているように解釈されがちです。これは，シニック派が単に反文化・反文明的で，基本的衝動以外は，ほぼ何もないような疑いを再び呼び起こします。自然と調和して生きるというシニック派の訓令は，時には他人を犠牲にしてでも自然な欲望や感情に身を任せるような教えとして解釈されるかもしれません。しかしシニック派哲学は，意図的に自身を窮乏化する

*[7]　超越的世界：より高見にあるが，永久に表に出ない世界を支持し，この世界を過小評価するもの。

ことで，優れた実践家が生きるのに必要なものがいかに少ないかを示し，真逆の教えを伝えています。シニック派哲学はすべての欲望を自由に解放することは推奨しておらず，欲望が習慣や人為的な調整によってどのように生まれたのかを探りました。そうすることで欲望は再教育され，新たな，おそらくはよりよい欲望へと変わっていく可能性があります。

とはいえ，シニック派が生理的欲求に忠実なあまり，人間の技術的・文化的功績をどうも理解していないのではという疑いが残ります。しかし，これは風刺的なものでしょう。シニック派は，コンセプトや知的訓練の一環として自然と文化・文明を対立させようとするほど理想主義者ではありませんでした。とはいえ「自然」と「文化」を対立させることに長けていたのも事実です。シニック派は社交辞令の代わりに，大量の豆を食べて放屁するような厄介者です。文化・文明に対するシニック派の反発について，スローターダイクによれば，シニック派は「人々が自らの目的を遂げるように仕向けるため，文明が甘い誘惑をして与えるもの」に対立していました。人々の目的とはすなわち，「あらゆる理想，義務に対する考え，履行の約束，不死の望み，野望の達成，権力の座，職業や芸術，豊かさにおける地位」などです。各概念に対してそれぞれの反論が必要ですが，これらの誘惑に共通するものは高尚さのメタファーへの依存です。シニック派の下劣で動物的な振る舞いは，文化的慣習をあからさまな反発行為と結びつけることで混乱させようという辛辣な戦術として考えられます。

動物的本能に訴え，動物的行為を洗練された「人間的」特性より優先する点で，シニック派は自然界の高潔さを論じる新興の環境活動家とは違いました。自然界の規範的な観念は，シニック派哲学の土台にはならなかったようです。もちろんさまざまな解釈がありますが，自然界が古代シニシズムの根底にあったという一般的な見解に疑いを呈する解説者は，ラエルティオスが収集した逸話（シノペのディオゲネスの言葉を一言一句引用したとされている）から，「ディオゲネスは哲学的概念として自然界に一切の関心を示していない」と主張します。もしディオゲネスが，スローターダイクが言うように「生態系意識の祖先となる存在」として認められるべきだとしたら，それは彼が廃物というテーマ（すなわち彼自身の糞便）に大きな関心を示そうとしていたからにほかなりません。汚物を生み出すことは，人間の存在の重要な特徴として認識されます。

シニック派の振る舞いには，いずれにせよ紛れもない無礼さがあります。古代シニシズムは無作法なだけでなく，洗練性もないように思われます。ディオゲネスの社会的慣習に対する攻撃は，侮辱的であると同時に短絡的で思慮の足りない印象を与えるかもしれません。とはいえ，私たちがなぜ洗練性を好むのか，上品ではない古代シニシズムを批判するこの傾向はどこから生まれたのかを考える価値はあります。知恵に対する哲学的概念からヒントを得ると，洗練性は高尚さのメタファーと再び関連づけられます。賢い者は自らの洗練性によって，日常の心を惑わすものを克服します。この高尚さのメタファーは圧倒的な支配力があり，攻撃者について自らの視点で理解します。攻撃者は高尚なものを知らない者として退けられるか，もしくは彼ら自身に根づいている隠れた（おそらくは否定するであろう）洗練性を褒め称えられます。後者は，教養のある者にはどうにか理解できるものの，明らかに不条理な評価の逆転です。これをよく表す例として，1969年にノーベル文学賞を受賞したサミュエル・ベケットは，「現代人の極貧」のなかに「高尚さが生まれる」と正当化しています。ベケットの作品の基本題材に見られるよう，極端な不名誉や生活の悪化は，ネガティブなイメージとして人間主義文化の擁護者から認識されます。それは，人間を汚らわしいものより上に据えたベケットが描くイメージです。「私たちがいかに洗練されているかを見れば，汚らわしいものにも気づきます」。

排便行為による批判

ディオゲネスは洗練性が欠如しているわけではありませんでした。彼は演説（oration）として知られる古代の洗練された表現も，それを妨害する目的でマスターしていました。「多くの聴衆がディオゲネスの演説に感銘を受けた」とされる有名な公衆演説の後，ディオゲネスは「話すのを止め，しゃがみ込み排便する，という下品な行動に出ました」。当然ながら，これは大変侮辱的です。ディオゲネスの行動の解釈の一つとして，彼は人前での排便行為により，自身のシニシズムが本物であると証明したのです。このように自らの評判を貶めたディオゲネスですが，公の場での慣習的な発言の不誠実さを甘受することに，彼は何の意味も見い出しませんでした。「彼は失うものがないからこそ，真実を述べることができます。それゆえ彼の話は聞くに値するのです」。話を理解できなかったその瞬間こそ，目を逸らすのではなく耳を傾けるべきタイミングなのです。完全に恥をさらしたディオゲネスは，聴衆に媚びへつらうことも彼らを欺く必要もありませんでした。シニック派哲学者としての彼の権威はこの排便行為によって，ディオゲネスが社交上のルールを含むあらゆる慣習に縛られないことを聴衆に確実に示すことになりました。

このスカトロ的なエピソードの意義は，ディオゲネスの哲学を象徴する行為の一つであったという点で証明されていますが，過度に重視するのは危険です。古代シニシズムをこの一つの行為に凝縮することで，まるでシニック派の活動の主な戦略が，忠実性およびシニック派に確実に注目を集める恥知らずな行為をする勇気によって，自身のシニシズムが本物であると証明することのように思われる可能性があります。この還元的な傾向に反して，古代シニシズムを理解する別のアプローチがあります。古代シニシズムを，より戦術的かつ過激で教養のない哲学者ならではの柔軟性と創意工夫に富んだものと見る考えです。この姿勢は，打ち壊して輪郭を浮き彫りにしたい状況に対し，巧妙な仕掛けで，シニック派の教えに忠実であることに無頓着であるようにアプローチします（それは，シニシズムらしさが際立ち，注目を集めてしまうリスクを回避するためです）。微妙に異なる解釈では，人前での排便が単に思想を証明する行為であるとして捉えていません。ディオゲネスは公衆の面前で排泄しただけでなく，聴衆が演説に聞き入り恍惚状態になったときを狙ってその行為に及んだ点に注目しています。意図的なタイミングというのが鍵です。ディオゲネスは，聴衆が演説に聞きほれていた時点では，社会生活を統制する規範に自分がいかにうまく適応できるかを示しており，その規範から完全に外れることを主張していませんでした。彼はすばらしい物事を知らないわけではなく，おそらくは基本的衝動に圧倒され，それ以外の行動ができなかったのです。ディオゲネスが表す問題は，彼がこのような行為を選び，洗練された行動をしていた時点，すなわち公の場での行動における共通規範を守っていた立場から，前述の行為に及んだという事実です。このスカトロ的行為は，攻撃対象を熟知している者による文化的な洗練性に対する攻撃，下からの爆撃とも解釈されています。

ディオゲネスの基本行動（人前での自慰行為など）の問題への別のアプローチでは，もし彼が動物的生活の追求をとりわけ望んでいたとすれば，わざわざアテネでこのような行為に及ぶ理由がないことを指摘しています。もし彼の行為が単に動物的

ディオゲネスは
公衆の面前で排泄しただけでなく，
聴衆が演説に聞き入り
恍惚状態になったときを狙って
その行為に及んだ点に
注目しています。

欲望への回帰であったなら，それは場所を問わず実行できます。ディオゲネスの例において重要なことは，彼がアテネに留まったことです。スラム街ではなく，アゴラという目立つ場所で行為を見せつけたのです。ディオゲネスは文化的変容を起こす者として社会のなかに身を置き，独特な率直さで問題に立ち向かいます。スローターダイクいわく「ディオゲネスは，動物的欲求への回帰ではなく，文化的発展の実例として，自慰行為をして見せました」。スローターダイクは，シニック派の恥知らずな行為は「概して人々は，自身の不合理で醜い行為や強欲，不公平，残忍性，虚栄心，偏見，盲目さに依然として心が揺れない一方で，不純な動機（肉体から出るものなど）を恥じらう」ことを示そうとしていると主張し，皇帝ユリアヌスの立場に焦点を当てています（第4章93ページ参照）。しかし，スローターダイクはまず，シニック派にとって，私たちが従っている実に優れた慣習は，“恥に対する姿勢を含めて”「ゆがめられた」ものであると論じています。このため，シニック派は「恥に関する根深い戒律に操られる」ことを拒否します。深い疑いから生まれる恥知らずな振る舞いは，皇帝の支配力を支えるためのあらゆる社会的な同調主義を試そうとしています。思慮に欠けた同調主義のおごりに対し，スローターダイクの言葉を再び引用すると，「ディオゲネスは形勢を逆転させ，ゆがめられた規範をまさに非難します」。ディオゲネスは「あらゆるシステムに基づく政治的訓練に対抗」しており，これらのシステムの確立は恥に依存しています。

フーコーも同様の見解を述べており，もし魂が教育されるものならば，その活動や意思がどこかで何らかの形で見えると納得する必要があります。古代哲学は，自分自身，個々人，個別の主題を内省的な質問を通じて明らかにするような文化的・教育的な道筋を描き，時には外部の思想（キリスト教的思想）を加えることもありました。エピクテトスをはじめとするストア派哲学者の，神は私たちのなかに存在するという思想です。そのため，あらゆる不純な思考や悪しき行為は，ストア派の実践家を汚すのと同じように神の存在も汚します。人は必要な自制心・抑制心を育みながら，まるで何も隠されていないかのように，ひっそりと生きなくてはなりません。この服従的な枠組みを壊すため，シニック派は何ら隠されていないという考えを行動によって根底から覆そうとします。シニック派は，真の生活とは何も隠すものがない生活であるという訓令に対し，何も隠さないことで応戦します。シニック派はすべてをオープンにし，安全な家もプライバシーを守る隠遁所《いんとんじょ》も放棄します。これは，自身が責任をもつプライベートスペースで発揮される良心の抑制効果を取り除く，もしくは疑問を呈するためです。これらのプライベートスペースは良心の住処となっているため，「他人，可能な限り大人数の他人の注目下での，物質的な日常的現実におけるシニック派の生活のこうした演出」は，良心の利かない状態で課せられた道徳的秩序を表し，少なくとも疑問を呈する試みとして理解できます。

恥，屈辱，笑い

古代シニシズムは，恥や屈辱を教育実践の中心に据えることで，教育を受ける人々に恥をかかせたり屈辱を与えたりしようとします。古代シニック派は攻撃的行動に加え，教育経験に内在する屈辱に注目し，人が否定したいものを際立たせる可能性を見つけました。ディオゲネスは自身を教師としようとする者をあざ笑いました。一説によると，ある男がディオゲネスに哲学を教わりたいと言ったとき，ディオゲネスは「その者に魚を運ぶよう渡して，自分の足跡をたどってくるように」と言いました。男は恥をかかされ，おそらくは少し当惑し，魚を放り投げました。「しばらくしてディオゲネスがその男に出くわしたとき，ディオゲネスは大笑いして言いました。『私たちの友情は1匹の魚で終わったな！』」。弟子になろうとしていたその者が理解できなかったことは，古代シニシズムで経験すべき実践とは，屈辱を繰り返し受けること，すなわち魚（別の逸話ではチーズとされている）を運ぶことで，ディオゲネスの奴隷（アテネの社会において耐え難い屈辱とされる）のように振る舞うことでした。スローターダイクいわく，シニック派は屈辱を好み，恥とは「最も本質的な社会的足かせであり，良心が形成するあらゆる具体的な秩序のなかでも，普遍的な行動規範として私たちを拘束するもの」です。恥は「社会的な同調主義の元凶」

古代シニシズムは,
恥や屈辱を教育実践の中心に
据えることで,
教育を受ける人々に恥をかかせたり
屈辱を与えたりしようとします。

として，「外的統制が内的統制へと変わる切り替え点」として作用します。それゆえ恥と屈辱はシニック派の反発行為の中心にあるのです。

精神的な鍛練として意図的に屈辱を受けたのはシニック派に限りませんでした。フーコーによると，この「シニック派の屈辱ゲーム」はキリスト教の謙遜にも見られます。「シニック派の屈辱にもキリスト教の謙遜にも，低い身分の者の歴史，不名誉や恥，恥の上をいく醜聞の歴史があります。それは歴史的に大変重要で，ギリシャ・ローマ人の標準的な道徳規範にとってかなり異質です」。とはいえフーコーは，シニック派の屈辱と「キリスト教の謙遜は区別する」必要があるとも述べています。「謙遜は，自身が受けた屈辱のなかで自己を表し，自らを試す状態であり，精神的姿勢です」。シニック派の屈辱は，名誉・不名誉の慣習をからかう遊びとして理解でき，不名誉によりもたらされる恥や服従の慣習から解放されようという試みがあります。別の見解では，「キリスト教の屈辱，厳密には謙遜は，自己の放棄である一方で」，シニック派は屈辱の試練を介して自身の至高性や屈折した支配を主張していたともいわれています。フーコーが解釈するキリスト教の自己アプローチは，「自らの真実を知れば知るほど，自己を棄てなくてはならない」というものです。キリスト教の自我はどれほど内省しても，最終的に満足のいく形で浮かび上がることはなく，さらにいえばそれは錯覚です。むしろキリスト教の自我は，「実に現実的すぎる」ものです。それは追い払うべき，もしくは抑え込むべき衝動や欲望や魅惑にあふれています。キリスト教にはその正体を突き止めるという，意図的でありながら実現不可能な義務があります。

このような違いがあるにもかかわらず，シニック派の極貧や侮辱の追求が，キリスト教の禁欲主義者や修道士のアプローチや経験のなかで，結局なぜ共有されなかったのかを推測するのは依然困難です。シニック派が敬虔《けいけん》な無欲者であったという全体的な印象とは別に，シニック派哲学の茶番やコメディ要素に注目する必要があります。シニック派のユーモアは，恥のなさと同様，相手を憤慨させる意図がありました。というのも，怒りとはシニック派が揺るがしたい慣習をまさに反映しているからです。しかし，シニック派のユーモアは潜在的に怒りを和らげてもいました。バフチンがシニック文学のジャンルであるメニッペ風刺に関連して述べるには，笑いは距離をなくし階級制度を弱めることだといいます。「笑いには対象物に近づき，自然な関係を築ける領域に相手を引き入れる甚大な力があります。そこではあらゆる面で親しげに対象に触れることができ，それを逆さまにひっくり返したり裏返したり，上から下から凝視したり，外側の殻をこじ開けて中心部をのぞいてみたり，疑い，ばらばらに分解し，あらわにしてさらしたりできるのです」。バフチンは笑いが起こす革命の可能性に少々楽観的なのかもしれません。シニック派のやり方や上述のテクニックを考えると，彼らの破壊力は容易に想像がつきます。バフチンはこの種の笑いを，「恐れを知らないこと」と関連づけています。すなわち，笑いは対象に近づく，もしくは対象を現実に引き戻すことで「対象に対する恐怖心や敬い，慎みを取り払います」。ここで述べたようなシニック派のコメディ要素は，隠れた偏見や義務を単にさらしているわけではありません。それらは挑発の直接的な結果として表出しています。シニック派のコメディ要素は，ジョークというくだけた形式を用いて対象者が自らの立派な服を脱ぎ，取り調べを甘んじて受けるよう仕向けています。シニック派の笑いがくつろげる心地よいコメディを土台にしておらず，不愉快に感じられる寸前であったことが強調されるように，恐れ知らずの精神との関連性は重要です。コメディを通じて，シニック派は人をあざけるような笑いを「非常に不愉快な傲慢なレベル」にまでもっていきます。シニック派のウィットは危険性を常にはらんでおり，状況によってさまざまなテクニックが駆使されました。たとえば，ディオゲネスはパロディを用いて道理の信頼性をからかい，慣例的な哲学の三段論法をまねて窃盗を正当化しました。そこでの「ジョークの種はその論法であり」，「正式な道理の論法と，それが導く逆説的なシニック派の結論の不愉快な対比」がありました。シニック派のユーモアは，非難の対象者たちにそのユーモアを説明せず，相手にギャップを埋めるよう要求して戸惑わせます。人々はそのジョークの意味を理解するために，破られようとしている社会規範の理解を示さなければなりません。

手に負えない弟子たち

古代シニシズムの教育的アプローチは，ディオゲネスが同時代の人々に対して行った意図的な攻撃や侮辱，笑いにまで至ります。シニック派哲学をシニック派の実践家の生活を通して直接的に実証できなかったとき，簡単な逸話や，回想的な身振りや言い返し，アイロニックなコミュニケーション，ウィットに富んだ台詞でそれは伝えられました。これらのシニカルな言葉は変化しやすく，「ジョークと同じくらい使いやすく，覚えやすい」ようになっていました。理論をもたないシニック派が後世に残っていった理由はここにあります。一方，そのほかの哲学諸派は，原理や教義が比較的変わらずに後世に残っていきました。シニック派の格言は，独断的な哲学諸派の格言と明確に対比して伝えられました。フーコーによると，「忘れられ誤解されている思想の中核を，権威の出発点および源に据えるため，再び顕在化させています」。たとえばアリストテレス主義やプラトン主義は，アリストテレスやプラトンの元々の教えに照らしてその哲学を定義しましたが，シニック派は違いました。シニック派は自身の哲学の祖先に対し，まったく異なる関係性をもっていました。過去のシニック派の生活に関するエピソードが回想されるのは，そのエピソードと教義が忘れられたからではなく，現在の哲学者がもはや「過去のシニック派哲学を体現していない」からです（そのエピソードが本当か架空であるかは大した問題ではありませんでした）。これは，古代シニシズムを実践できなくなるようなある種の衰退，衰弱，退廃によるものでしょう。過去のシニック派が回想されたのは，現在の実践者が自身の行動を見直し，そしておそらく過去のシニック派の行動で実証された「強み」を，勇気を失っている現代シニック派を名乗る彼らがその強みを「取り戻す」ためです。次の第4章で述べていきますが，シニック派哲学に従って生活する試みは多種多様であり，常に不完全でもありました。

第4章

暴徒への懸念：古代と中世の理想化

本人の意に介さず，ディオゲネスの下には弟子が集まり，彼らは追放されない限りそこに留まりました。その関係性は，一般的に崇拝されている哲学者兼教師とかかわりの深い弟子とのそれとはまったく別物であり，教えの中心には屈辱，拒絶，攻撃があったとされています。これは，ディオゲネスがアンティステネスから受けたと思われる扱いを反映していました。アンティステネスはソクラテスの教えを受けたシニック派の祖であり，弟子入りしようとする者を嫌うことで有名で，近づいてきたディオゲネスを持っていた杖で叩きました。弟子との関係性にはさまざまな形があり，たとえばメトロクレスがクラテス（ディオゲネスの弟子）に弟子入りしたきっかけは，クラテスが彼を励ます目的で絶妙なタイミングで放屁したことでした。ラエルティオスは，小規模なディオゲネス一派のうち約6名の名前（一部はニックネーム）を挙げており，彼らが奇人として有名だったことを示唆しています。最も知られているクラテスのほかに，シラクサのモニモスも特筆すべき人物です。彼はディオゲネスの哲学の虚飾に対する反発を支持したとされています。モニモスは，ギリシャ哲学の教えである『汝自身を知れ』という警句やその類の格言にあたる言葉を決して言わなかったようです。「いや，汚らしい托鉢僧はそれらを凌《りょう》駕《が》していました。彼はあらゆる人間の想定を幻想であると明言しています」。また，モニモスはあらゆる様式の教育を疑っていたようで，「教育を欠くより視力を欠くほうがましである。視力のない苦痛の下では人は地に落ちるが，教育のない苦痛の下では人は深い地獄に落ちるからだ」と述べています。

シニック派は従来の教育の概念に反発し，追従者たちにも否定的だったため，学問ではなく挑発や排便行為を生活の主体にしていました。教育哲学があるとすれば，それは即興性がありスカトロ的，かつ教育とはどうあるべきかという基本前提を破ることでした。シニシズムの継承が，世代を超えて確実に伝えられる教義や文書ではなく，この世に短期間存在した下品なシニック派哲学者一人ひとりを介してなされたことを考えると，一貫性がなく，関連性の低いエピソードで成り立っていたことはうなずけます。また，シニシズムの歴史の複雑さは，その名称自体の信頼性が低いことも一因です。この名称を中心に歴史を組み立てること，つまりシニック／シニカル／シニシズムという用語に関連する歴史の断片や資料をすべて集めることは，その歴史をすでに大いに乱用されゆがめられてきた言葉に限定

シニック派は
従来の教育の概念に反発し,
追従者たちにも否定的だったため,
学問ではなく挑発や排便行為を
生活の主体にしていました。

することになります。実際，シニシズムの歴史は闘争という広範なテーマで組み立てるほうがよいかもしれません。これはいわゆる哲学の歴史というより，「生活の形，様式，スタイル」の歴史といえるでしょう。シニシズムという用語はほとんど，もしくはまったく出てこないかもしれませんが，このような歴史はまだ語られていません。本書では段階的な修正を加えつつもこの用語にこだわっており，そのために関心の対象が「シニック」という名称が適用されるものに限定されていますが，焦点はなぜこの用語が本質的に不確かで曖昧であり続けるような方法で生み出されたのかを正確に探ることです。

理想化されたシニック派

シニシズムの歴史上，本物のシニシズム（古代）と誤ったシニシズム（現代），あるいは由緒正しいシニシズムと劣ったシニシズムの間で対立が繰り返されています。由緒正しいシニシズムの起源は，常に手の届かないところにあります。つまり，又聞きでしか知ることができないという意味でもありますが，原型的な基準点となるディオゲネスが最初のシニック派ではなかったという意味でもあります。古代においてもシニシズムは，ディオゲネスの師とされるアンティステネスの出現以前から存在し，ゼウスの息子ヘラクレスよりも前の時代にまでさかのぼるのではと考えられていました。歴史上の人物ではなくギリシャの神々と結びつけることは，飛躍しすぎているように聞こえるかもしれません。しかし，もしこのような神々が4世紀のギリシャ哲学に背を向けたことで消失した知恵の形，すなわち神々の「狡猾な知性」に対する初期のギリシャ人の感性を反映していると理解されるならば，先の関連づけは有益でしょう。神々は，十分に完成されていない世界で活動し，物体と物体間の関係性がまだ曖昧な状況のなかで暮らしました。おそらく，シニック派哲学だけが神々の狡猾な知恵を継承し，即興的な生活スタイルのなかでそれを評価していました。シニック派と同様，神々はウィットに富んでいました。

シニシズムの初期の形態は，ギリシャの民族誌でもたどることができます。5～6世紀のギリシャ民族誌学者は，高貴な片目のグリフィンに悩まされる人々や，正義を愛し犬の頭をもつ長寿の生き物といった，理想化された未開の種族にまつわる物語を収集しました。学者らは，このような種族の第三者的視点を，より「文明的な」文化をわかりやすく反映する策，手段として利用しました。さまざまな点でギリシャ世界の端から生まれた「野蛮な」人物と考えられているディオゲネスについても，多くの論者は同じように理想化します。彼らはディオゲネスを，第三者的視点を提供する外部の人間と考えます。この説明においては，ディオゲネスの潜在的な信奉者にショックを与えたり，彼らを遠ざけたりするような特徴を，ディオゲネスの肖像から取り除く必要がありました。そうすることで，ディオゲネスを文化批評家のポジションに安心して据えることができました。

つまり，シニック派の実践を詳述し，その主要人物について説明した最初の著者は，シニック派の言い伝えの一部の誤りを暴き，隠された本質を別の場所で見つける必要がありました。不思議なことに，シニシズムの継承や維持は，「シニック派やその存在様式を，広く認められている高尚な哲学分野から追放しよう」とする動きにかかっていました。このような排除の動きは，シニック派哲学をそのほかの哲学や視点と統合可能な「普遍的に有効なシニシズム」にすることで回避させたのです。ディオゲネスの最も不快な教えや樽での生活への言及を避け，理想化されたシニシズムを訴えることで，教育を受けた文化的な人々はシニシズムを自分のものとし，シニック派哲学をほぼ別物のように変容させる一連の作戦を開始したのです。

シニック派が吸収された初期の例はストア派哲学に見られます。ストア派の哲学者たちは，紀元前３世紀の創始者キティオンのゼノンとソクラテスを関連づけようとしていました。その結果，ソクラテス，アンティステネス，ディオゲネス，クラテス，ゼノンへと続く系譜が提示されます。ストア派哲学がソクラテスの思想から派生し，その教えが本物であると証明するにあたって，ディオゲネスは重要な立ち位置にいます。このストア派の誕生は，現代の研究においてもストア派哲学の自己充足的で快楽を抑制する倫理原則を介してシニシズムを読み解くという形で影響しています。古代シニシズムの衰退も同様の視点で理解できます。つまり，称賛に値しながらも卑しいシニック派哲学を，より洗練されたストア派哲学に置き換える必要性があったということです。そのため，シニック派はたとえ「不十分な答え」を出したとしても「重要な問題を提起し」，ストア派に解明を託したという主張もあります。もしくは，「次世代でストア派やエピクロス主義が開花したことに伴い，古代シニシズムはライバルの哲学者たちのより複雑な魅力に対抗できるだけの力強い倫理的な選択肢を提供しなくなった。彼らはシニシズムが普及させた最も効果的な倫理観を再解釈し取り入れた」という説もあります。これは，「古代シニシズムが風刺的に道徳を説くありがちで陳腐なもの，ペテン師による路上の説法へと堕落していった」のは，それが「ヘレニズム哲学のメインストリームから追放された」後である，という主張につながります。そしてここには，古代シニシズムがヘレニズム哲学のメインストリームとの関連性を維持していることで，どうにか威厳を保っているという評価的枠組みがあります。その関連性が失われたら最後，シニシズムはよくある路上哲学になり下がってしまうのです。

この判断的枠組みは非常に揺るぎないものです。ほかの例を挙げてみましょう。ダッドリーは1937年に発表した影響力のある研究において，ディオゲネスのような人物の「説得力のある魅力」は長続きしないと論じています。「古代シニシズムの弱点」は，「その思想を説明する能力がない」(あえてしない？)ことです。ディオゲネスは刺激的な人物でしたが，彼の直接的な影響が弱まるとその後のシニシズムは退化していきました。

「知性に訴える」ことができない後継者たちは，無分別で愚かな行為として路上生活をするに留まりました。その10年後，バートランド・ラッセルが著書『西洋哲学史』(邦訳：2020年，みすず書房)のなかで，「シニック派原理のなかで最も優れた部分はストア派に受け継がれ，総じてより完成度の高い円熟した哲学となった」と明言しています。最近では，『オックスフォード哲学必携』(2005年, Oxford Univ Pr)のなかで,「多くのシニック派は……，疑いようもなくただの放浪者にすぎなかった」と結論づけられており，おそらくそのように哲学に何の貢献もしなかったと思われます。

このような議論は悩ましいもので，かつてシニック派の「放浪者たち」が侮れない勢力であった時代に，シニシズムを否定し浄化しようとしていた人々に不快なほど近づいています。シニシズムはローマ帝国において，ポピュラーな哲学，「権利をはく奪された不満分子」の下品な生活様式として生き残りました。その存在の報告自体が，シニシズムを吸収し富裕層のための思想に置き換える目的であったことを考えると，シニシズムが実際に退化したのか，もしくは新しい環境に合わせて単に発展，修正されたのかを判断することは困難です。とはいえ確実にいえることは，この路上のシニシズムはその哲学のあるべき形を呈しており，何世紀もの間にわたって受け継がれたのは，(制度的にではなく)選択的模倣のプロセスの結果です。路上で実践されたシニック派哲学のバイタリティを正確に評価することはできません。というのは，私たちが参照するスケッチや言い習わしのほとんどは，当のシニック派ではない論者によって生み出され伝えられたもので，シニック派哲学が成し遂げようとしていたものと，せいぜい部分的な共通点がある程度だからです。ローマ帝国は，その内部・外部構造を個人が理解したり影響を及ぼしたりできるわけもない，手の届かない「巨大な官僚組織」です。そのなかにある民衆の不満に，シニック派（キリスト教徒も同様）は確かな足場を見つけました。スローターダイクによれば，「帝国の社会的・人間的な環境に対する道義的な民衆の抵抗は，強力な精神的潮流として大きく膨らんでいきました」。ディオゲネスの時代から半世紀を経て，「犬たち」は大きな群れを成して吠え続けていました。この劣等のシニシズムは下層階級の人々にとって魅力的に映るため，高尚な哲学として救済されるためには，教養のある論者によって断固否定される必要がありました。その結果，路上のシニシズムは，それを忌まわしいと感じる人々が描くゆがんだ形でのみ伝えられます。以下で，エピクテトス，ルシアン，ユリアヌスを例に考察していきましょう。

エピクテトス

1～2世紀のストア派哲学者，エピクテトスは解放奴隷*8で

*8　解放奴隷：奴隷制の社会で，奴隷の身分から解放され，市民権を得た自由人のこと。

あり，ソクラテスに続き「哲学は生きてこそ」という考えを支持していました。彼は，ノスタルジックな古代シニシズムの概念と，彼が言う「今日のシニック派の悲しい姿」を注意深く区別していました。ある学者が彼の視点の特徴を述べるに，彼は「放屁すること以外は，先人たちを一切模倣しませんでした」。エピクテトスは，ディオゲネスをストア派の象徴とすることでシニック派哲学の主要指標を転換しました。彼はディオゲネスを哲学的自制・統制の手本とし，名誉のみで守られているからこそ敬うべき哲学者として扱いました。「名誉は彼の家，門，防御，闇に紛れるマントです」。エピクテトスは，時にシニック派の教えの特徴である「生き生きとした不愛想な，逸話的なスタイル」を用いましたが，同時に，厳格で秩序立った議論も展開しました。また，エピクテトスは古代シニシズムと同様に，単純な学習や雄弁さを軽蔑し，「ショッキングな描写（尿瓶，脂で汚れた指，よろめく脚，糞の山，ひび割れた鍋など）」で描かれるものを好む傾向にありました。しかしそうだとしても，彼のシニシズムへの訴えは大変理想化されていました。エピクテトスには教師としての収入を確保する必要があり，守るべき評判があったことから，ほかの低俗なシニシズムの概念に異議を唱えることもありました。尊敬に値するシニシズムを取り戻そうという試みのなかで，エピクテトスは「出くわした者に手あたり次第怒鳴り散らす」物乞いのシニック派の姿を思い出し，「もしイメージするシニシズムがこの姿なら，離れたほうがよい」と言いました。このような陳腐な模倣者には近づかないことが適切な対応です。シニック派はみすぼらしい状態で路上生活を送るべきだという考えに反論するため，エピクテトスは，シニック派は「人を遠ざけるほど不潔であってはいけない」，むしろ「たくましさとは，清潔で健康的なものであるべきだ」と説いています。この観点では，シニック派の肉体は「簡素な外での生活の利点を宣伝するもの」であり，逆境の痕跡が残る苦闘の証ではなく，健康，美，男性的な達成を体現するものであるべきです。女性のシニック派もめずらしくありませんでしたが，エピクテトスが念頭に置いたのは男性だけです。彼が描くシニック派像は，「太陽より純粋な」心をもつ高潔な男性です。

このように限定された理想形に対し，エピクテトスに関する考察を早急に中断するリスクを冒してでも，ヒッパルキアのケースに触れる必要があります。ヒッパルキアはシニック派のクラテス（ディオゲネスの弟子）と結婚した，古代ギリシャで最も有名な女性のシニック派です。彼女は後世の論者に例外的な存在として扱われました。というのも，ほとんどの女性は哲学の使命をまっとうするのにおそらくは不適格であるとされ，特に古代シニシズムのような路上哲学への挑戦は難しいとされていたからです。クラテスにとってヒッパルキアの存在は哲学の実践に影響しなかったのでしょうが，エピクテトスはほかのすべての女性は気を逸らせる存在になると思っていたことでしょう。もしシニック派が結婚するなら，「赤ん坊のために湯を沸かすやかん，妻のための毛織物，油，簡易ベッド，コップ，多くの食器類を持たなければならない」とエピクテトスは忠告します。日々の退屈な仕事や雑音にあふれた生活のなかで，「ほかの人間を監視する義務のある王は，いったいどうなってしまうのでしょうか」。シニシズムと女性の不利な関係性は，ここでは明らかに無視され十分に説明されませんでした。

シニック派の言い伝えのなかにヒッパルキアの存在があることで，古代シニシズムが挑む社会的慣習には，社会における女性の役割を定める慣例も含まれていたことがうかがえます。そのため，ヒッパルキアは「最初のフェミニスト」として描かれています。その延長線上で，古代シニシズムは「原則的に性差別をしなかった」と論じられていますが，これには議論の余地があります。古代シニシズムは（少なくともクラテスは），ヒッパルキアを受け入れたことにより，女性をパレーシアへの参加から締め出すといった社会的制限を弱めたのかもしれません。先述の通り，自由に意見を交わしたりギリシャの都市国家に参加したりできるのは，財産をもつ自由市民の男性に限られていました。この包括的なジェスチャーは，哲学の才能，とりわけ古代シニシズムのように要求の厳しい哲学の才能において，男女間の差はないというシニック派の考えを表しているのかもしれません。しかし，ヒッパルキアがその名声をクラテスとの結婚により得ていることに変わりはありません（クラテスはヒッパルキアを引き離そうとしたことから，結婚は彼女の不屈の精神と献身の証としても解釈できます）。ヒッパルキアが男性優位の哲学へ介入したことは，よくも悪くもといったように捉えられています。確かに，アンティステネスは「徳は女性にとっても男性にとっても同じである」，「まっとうな感謝の気持ちをもつ女性と愛し合うべきである」と明言し，ディオゲネスは「妻の共同体を提唱し，説得する男と承諾する女が結ばれる以外の結婚は認めない」としています。女性が性的関係において何らかの嗜好を示すことができ，男性の「美徳」の達成に近づくことができるという認識は，古代ギリシャの家父長制に反発するものかもしれませんが，それにより女性が対等の立場におかれることはほとんどありません。とはいえ，シニック派哲学における女性，少なくともヒッパルキアの位置づけは，エピクテトスのような後世の論者がその重要性を否定するきっかけとなるほど十分に厄介なものでした。これは最終的に，シニック派の「女性やそのほかの外部者に対する開放性が事実上逆転した」状況を導きます。この逆転現象は，「女性差別や人種差別に対するユーモアのために選ばれたり，つくられたりしたディオゲネスの警句が，少年たちがギリシャ語を学ぶための古代の初級文法カリキュラムに組み込まれた」時点で完成されました。

ルシアン

２世紀に活躍したルシアンは，ローマ帝国の東端を出自とする著名な弁論家です。彼はシニック派の侮辱を風刺作品として残し，デジデリウス・エラスムス，トマス・モア，フランソワ・ラブレー，ジョナサン・スウィフト，ヘンリー・フィールディング，ドゥニ・ディドロなど，さまざまな作家に影響を与えました。ルシアンは著書『ペレグリヌスの死』で，同時代のシニック派先導者の自己犠牲を辛辣に批判し，高尚なシニシズムを嗜む洗練された者と，下層の路上のシニック派を区別しました。彼のコミカルな対話劇『*The Runaways*』(邦題：逃亡者たち)では，偽りの哲学者を攻撃しました。「あらゆる都市にこのような新参者があふれている。特に，ディオゲネスやアンティステネス，クラテスを自身の後援者と称し，犬の軍隊に入るような輩がたくさんいる」。彼らの罪は，簡単にいえば，偽りの哲学を本物だと勘違いする「無学な人々」の前で，哲学の信用を失墜させて評判を傷つけたことです。ルシアンはこのような偽りのシニック派に対抗し，彼の師とされるシニック派のデモナクスを称賛し，立派で大変理想的な別の思想を提示しました。

偽りのシニシズムに対するルシアンの不満は，教育全般にも向けられました。彼の怒りは，愛とされるものや，約束しておきながら果たされない自由や高みを教える教育の現状を嘆くものでした。当時主流の教育モデルであった家庭教師の堕落した現実は，「少しでも教養のある者」には耐えられないとルシアンは考えました。ルシアンの『*On Salaried Posts in Great Houses*』(大邸宅における有給職について)は，ギリシャの哲学者がこのような隷属的《れいぞくてき》でひどく窮屈な，妥協した職に就くことを思い留まらせようとするものです。そこでは教育者は，機能不全で操作的な状況，住み込みの従業員が同じジェスチャーで尊敬されたり卑下されたりするような状況に置かれています。この記述においてルシアンは，哲学とあるべき教育形態のビジョンに敬意を払い，家庭教師の窮状に心を動かされているようです。ルシアンは嘲笑的な口調と巧妙な回避的態度で悪名高い人物ですが，教育における高い理想に対してはシニカルな侮蔑を向けていません。

ルシアンの作品では，彼の時代のシニシズム（および哲学）の堕落を測るためのモデルとして，古代シニシズムが再び提示されています。しかし，ルシアンは「自分の時代とディオゲネスの時代との間には埋めがたい歴史的距離がある」ことを注意深く強調しています。このことは，「シニック派の生活様式を実際に模倣することは不可能，あるいは不合理である」ことを示唆しており，代わりにルシアン自身が「シニック派を文学的に再現」しようとすることを正当化していると論じられています。ルシアンの風刺作品に登場する数多くの人物のなかでも，メニッポス（紀元前3世紀の古代シニック派）は，ルシアンの立場を「最も簡潔に体現している」とされています。架空の人物メニッポスを通して，ルシアンは慣習に挑み，「プロフェッショナルな思想家のそばで知ったかぶりをすること」に対するシニック派の嘲笑を表現しています。とはいえ，ルシアンのシニシズムは風刺作品の形式の域を出ません。彼のシニシズムは，自身を登場人物に完全に重ねることを避けた，「役柄の制限的な描き出し」として理解されます。彼の作品のなかでは，慎重に演出されたシニシズム，つまり演劇的でフィクションの文脈に限定されたシニシズムが見られます。ルシアンはシニシズムを称賛しながらも，そこには皮肉なまでの距離感が存在しています。

スローターダイクの分析によれば，真面目でいて滑稽なシニック派の衝動的行動は，シニック派の冷笑的なウィットを受け継いだ教養ある風刺家と，あまりに熱心で真剣な信仰心をもつようになっていたペレグリヌスのような者たち（「不安定で怒りっぽい路上生活者，モラルの狂信者，外部者，ナルシスト」）が率いた低レベルな学派との間で分裂しています。フーコーいわく，ペレグリヌスは，「仰々しい放浪者……アレクサンドリアの反ローマ民衆運動と間違いなく結びついており，ローマではidiota《イディオタ》（文化的素養，社会的・政治的地位のない人々）に自身の教えを説いていました」。ルシアンは，ペレグリヌスが165年のオリンピック大会でパイア（火葬場）で焼身自殺するのを目撃したと主張し，彼の死に方を激しく風刺しています。ルシアンによれば，この虚栄心の強い行為は，路上のシニシズムの悪い点をすべて集約しているといえます。「虚栄心と自虐的な殉教者のような性質が組み合わされた，傲慢でナイーブ，尊大でほとばしるような過激主義への傾向（スローターダイクの解釈による)」が見てとれます。しかし，スローターダイクの見解によれば，路上のシニック派が「その時代の軽蔑するモラリスト」であるならば，ルシアンはそれに勝るとも劣らず，「軽蔑するモラリストとして群を抜く存在」のように思えます。彼の「風刺は，教養のない乞食のようなモラリストや泣き叫ぶ者に対する洗練された攻撃，すなわち同時代の知性に欠ける愚か者に対する一種の勝者の風刺です」。『ペレグリヌスの死』におけるシニック派コメディの犠牲者は，もはや「空虚な知識を代表するもの」や「文化的おごり」ではなく，虐げられ奪われた側です。ルシアンのシニシズムは，「権力者や教養のある者がもつ力への批判を，野心的な狂人のようだとして非難します」。事実上，シニック派の批判は立場を変えて，その視点を「権力者のアイロニーに合わせて切り替えた」のです。ルシアンによって，シニック派のユーモアは「文学的効果」となりましたが，スローターダイクから見ればこれは大変な不利益をもたらすものでした。

ユリアヌス

4世紀，ローマの哲学者であり重職に就いていたユリアヌスは，最終的に皇帝(在位361～363)にまでのぼりつめた人物です。自分の兵士や下層階級の市民が路上のシニック派の影響を受けていたことから，シニシズムを研究するようになりました。彼はこの下品な模倣者たちに立ち向かおうとしました。ユリアヌスいわく，「彼らは都市から都市へなど各地を移動し，そのような場所で金持ちや著名人を侮辱する一方で，社会の屑たちとつき合っています」。堕落した形で継承されたように思われるシニシズムが，なお存続していることは明らかでした。

このような問題ある路上のシニック派は，シニック派のレガシーを独自解釈しました。ユリアヌスは以前の人物たちと同様に，フーコーが言うところの「あまり教養のない一般市民」，「哲学を普段実践している教養あるエリート以外から」集めた者たちを幅広く対象とする，永続的で生き生きとした哲学に直面していました。この偽りのシニック派は，知恵を育むふりをしながら無知を育むことしかしていない，完全なペテン師として描かれています。特に，同時代のシニック派，ヘラクレイオスに激怒したユリアヌスは，ヘラクレイオスの「何が善良で，公正で，品行正しいことかをまったく知らない野蛮な姿勢」を糾弾しました。敬意を払わず，神々への畏《い》敬《けい》の念もなく，美と誠実と善をがむしゃらに破壊し，正義と名誉を踏みにじり，最悪の場合哲学を笑いものにするような路上のシニック派。彼らは，まさにローマ帝国の中心で「野蛮な」信条を広めていました。ユリアヌスは，この偽りのシニック派を都市から追い出すのではなく，「石打ちの刑に処するのが妥当だろう」と判断しました。極端に聞こえるかもしれませんがこの種の暴力には前例があり，1世紀にはネロ帝，ウェスパシアヌス帝，ドミティアヌス帝により，シニック派を含む一連の頑固な哲学者たちが追放され，鞭打たれ，処刑されています。立派な哲学でさえ帝国の権力を脅かしていた時代が，まもなく過ぎ去ろうとしています。

ユリアヌスは，立派なシニシズムという対照的なビジョンをもっていました。すなわち，その行動が手本となり，家で実践でき，人前で喜びを表せる哲学です。そして対極にある堕落した哲学との遠い関係性に辟易《へきえき》していました。この種のシニック派は，時として恐れ知らずに真実を語りますが，侮辱や攻撃を交えたシニック派特有の痛烈な批判をしませんでした。パイデイア（教養）のある男性（ローマ貴族の作法を統制し維持するための慣例や慣習に従う者）によるそのような洞察は，慎重に表現され，好意的に受け止められることが期待できました。さらにユリアヌスは，自分のシニシズムを肉体否定の哲学のなかに位置づけ，より高次のものを知ることができる魂が肉体に宿っている限り，肉体にはある種の「潜在力」が備わっていると主張します。ユリアヌスにとって，人間の魂は死ぬ運命にあるものと神の中間的な位置にあります。人間の魂は，「自身のなかにある多様に姿を変える何か，怒りと欲望の複合体，多頭の怪物」に打ち勝たなければなりません。これらを飼いならし，「自分のなかに存在する神，すなわち魂の神聖な部分に従うように説得」しなければなりません。人間の魂に残された痕跡は永久に残るため，哲学と十分な鍛練を活かし，感情を抑制して自己知識を高めることで神に近づくことができます。神の力に導かれた哲学教育は，魂を肉体から解放し，真の意味を理解できる人間を形成します。神的知識を得るためのルートは数多くありますが，ユリアヌスは自身が取り戻したシニシズムが最も崇高なものの一つであると認識しています。

この定義に従うと，自身が肉体に縛られているとなお考える者（ユリアヌスが非難する路上のシニック派も含まれる）は，孤立した無学な者です。肉体は彼らの気を逸らし，「真実ではなく誤った意見に従わせます」。この説明によれば，「強欲で堕落し，獣にも劣る」都会の落ちこぼれたちは，シニック派哲学の目的を完全に誤解していることになります。ユリアヌスが『*To the Uneducated Cynics*』（無学のシニック派へ）という題目の長尺演説で明言したように，教養を望む者は，肉体を「魂の看守」とみなし，厳しい鍛練によってそこから逃れなければなりません。ユリアヌスは，これこそが真のシニック派，すなわち自身が考えるシニック派が果たすべき任務であると確信します。このシニック派は，時に厳しい教師のようであるかもしれませんが（高潔なシニック派は肉体的な規律を示し，聴衆の感性を意に介さず「飾り気のない真実」を語ります），聴衆を魅了して従わせるシニック派も存在しました。ユリアヌスはここでクラテスの例を挙げて，恥知らずで対立的なシニック派の描写を再び和らげています。また，ディオゲネスが「生理的欲求」に従い，公の場で「下品な音」を発するという扱いづらい問題について，ユリアヌスはこのように考えます。この相当奇妙な行為は，生理的で自然な行為と，「金品の強奪，虚偽の告発，不当な起訴」といった不自然な「悪党の所業」の背景を描くことが目的だったのではないか。後者はディオゲネスにとって,「自分自身の排出物よりもはるかに下劣で耐え難い」ものでした。

ユリアヌスは,高潔なシニック派が選ぶ道は困難であり,もっと簡単に知恵に近づく手段として神話があることを認めています。彼は，シニック派は語ることを避けていた神話を擁護するために，神話の創造者は「歯の生えかけた乳児のベビーベッドの上に革製の人形を吊るし，気を逸らして痛みを和らげる乳母のようなものだ」と言います。「最初の神話学者たちは若者の未熟な魂に向けて，物語や伝説を絶え間なく伝えました。飛び方を学んでいる段階の若者は，教えを受けることを熱望しながらも，混じりけのない真実を吸収する準備がまだできていない状態だからです」。ユリアヌスは，真実に目を向けさせる教育によって生じる痛みやいらだちを和らげるために，多少の偽りは必要だと認めています。また，神話はより高度な研究において，謎に包まれている世界の真実は哲学の力を介してのみ到達できることを示すのに役立ちます。最後に，神話には，個人づきの医師のような役割を果たす哲学者が，単刀直入な助言，つまり寓話の形をとっていない助言をすることで受けるかもしれない報復から，彼らを守る働きがありました。ローマ時代，雇い主や目上の者に哲学を教えるために雇われていた奴隷は，感謝知らずの生徒から報復される可能性が特に高かったのです。ユリアヌスによれば，奴隷はその立場上，「主人を喜ばせつつ矯正するよう苦心」をしなければなりません。奴隷でもあり家庭教師でもある彼らは，「道徳についての説教と指導」が及ぼす影響を和らげるために，教えを直接的に伝えず，啓発的な物語で包み込む必要があります。しかし，「自分だけは自由である」という主張を哲学の基盤としているシニック派の教師にとって，このようなことは到底受け入れられません。シニック派は，道徳を説きやすくし，助言が引き起こしうる報復から自分を守ってくれるような神話やその他手段を必要としません。シニック派はそのようなまやかしにつき合っている暇はない，とユリアヌスは述べます。ユリアヌスの攻撃の標的は，あらゆる習慣から肉体へと変わりましたが，シニック派の教えの下に授業は比較的ぶっきらぼうに行われました。ここに不愛想な昔ながらのシニシズムの痕跡を見ることができます。心の動揺を生む肉体は，ユリアヌスいわく，ローマのシニック派が「徹底的に軽蔑する」よう教えられるもので，「糞よりも捨てるに値するもの」とみなされるようになります。

ユリアヌスが描く真のシニック派は，自分の感情をコントロールすることを学び，自分の「陰の部分」に決して支配されません。また，「理性的な生活を手に入れた」者は，慣習的な道徳観に基づく教えを必要としないため，世論を無視することも学びます。シニック派はそういったものを超越しています。肉体や大衆にもはや惑わされることなく，自由に「清く，純粋で，聖なる考えに基づいて精神を鍛えることができる」，とユリアヌスは続けます。ディオゲネスの真の信奉者たちはプラトンのように，魂はそれを閉じ込めている肉体よりも優れていることに賛同するでしょう。ローマのシニック派は，「自分の魂は神である」と確信して，「自らを脱する」ためにあらゆる努力をします。その魂は教育を受けているため，神としての潜在能力を発揮し始めます。無知のために「肉体」や世論にいまだ「縛られている」人々とは対照的です。その魂は，「真実よりも誤った意見に従う」人々に反する教育を受け，哲学に約束された自由に近づいています。このような高貴な立場からすると，ユリアヌスの時代の無知で無学な人々は，軽蔑されないまでも哀れむべき存在でした。言い換えればユリアヌスは，シニシズムをさまざまな歪曲に委ねています。彼はシニシズムを回復させることで，シニック派の姿勢を逆転させ，シニシズムを立派なものにし，はるかに伝統的な教育と哲学の概念のために取り入れます。

キリスト教の禁欲主義者と聖なる愚者

初期のキリスト教徒は当初，シニック派の下等な視点を共有していたことから，キリスト教の復興は，教育を受けたローマの人々（路上のシニック派を排除することに力を注いでいた人々）の復興とは異なるものでした。シニシズムの実践面の一部は，キリスト教を通じて維持され形を変えました。フーコーが論じているように，何世紀にもわたって，「シニック派の存在様式をヨーロッパ全土に広めた主な媒体」はキリスト教の禁欲主義でした。キリスト教の禁欲主義者は，自己鍛錬と禁欲の体制に従って生活していましたが，それは古代シニック派の極端で勇敢な窮乏に似ていました。シニック派の「主題，態度，行動様式」の多くは，キリスト教の禁欲主義や修道生活を媒介として，名目を除いて受け継がれました。特に注目すべきは，托鉢修道会であるフランシスコ会とドミニコ会（通称「主の猟犬」）です。彼らは「すべてのものを脱ぎ捨てて」「裸足で人々に救いを求めに」行きました。この禁欲的な困窮の強調は，フーコーが示唆するように，「教会やその制度，富の増大，道徳的な甘さに反対する改革のあらゆる努力のなかでも，特に生き生きとした強烈な実践」でした。このような「反制度的なキリスト教のシニシズム」の伝統は，少なくとも宗教改革の頃まで続きました。

スローターダイクも同様に，このキリスト教による継承を認識していますが，それを総括して批判しています。彼は，「ディオゲネスを禁欲主義者と呼ぶのは正しくないだろう。なぜなら，禁欲主義という言葉は，1000年にもわたるマゾヒスティックな誤解によって誤ったニュアンスを帯びてしまったからだ」と述べています。キリスト教の禁欲主義者は，この言葉の意味を事実上変えてしまったのです。このような大げさな表現をためらう学者もいるかもしれませんが，スローターダイクがここで主張しているのは，キリスト教によって禁欲主義という言葉は苦行と結びつき，それは肉体的存在を肯定するシニック派とはかけ離れたものだということです。スローターダイクは，「この言葉の根本的な意味を再発見するためには，キリスト教的な意味合いを取り除かなければならない」と考えています。おそらく，古代のシニック派の「恥知らずの禁欲主義」の真価を再び認めることができるでしょう。シニック派の恥知らずな教えは，単に「気分がよいならやりなさい」というものではありませんでした。むしろ，シニック派の禁欲主義者は「限界を超えるための訓練」をしていました。フーコーもまた，シニック派の屈辱と「先々のキリスト教の謙遜を区別すべきだ」と主張する際に，同様の点を指摘しています。前章で論じたように，シニック派は「屈辱の試練を介して，自身の至高性や支配を主張するのに対し，キリスト教の屈辱，厳密には謙遜は，自己の放棄です」。大まかにいえば，キリスト教の禁欲主義者は，禁欲主義の実践者を萎縮させ謙虚であるよう促す行動に出たことで，シニック派哲学を弱体化させた，とここで非難されています。全体的な特徴づけとしてこれは正しいかもしれませんが，キリスト教の禁欲主義者のなかにも驚くほど自己主張する者がいます。

シニシズムとキリスト教の起源との関連性を探る最近の研究では，シニシズムの慣習が全体的に軟化していたというスローターダイクの主張がおおむね支持されています。イエスは単なる「ユダヤの田舎者」ではなく，洗礼者ヨハネやパウロと同様にシニック派でもあったことが，多くの根拠をもって論じられています。彼らはシニック派哲学の要素を自身の教えに取り入れたとされています。また，立証責任を軽減するために，一連の非常に類似した特徴を示したとされています（貧困と遍歴への献身，理論よりも実践の向上を重視，ヘレニズム・ローマ時代の権力と利益供与のヒエラルキーの拒否など）。このシニック派の教えは，ヘレニズムのユダヤ教に影響を与えることで伝わった可能性がありますが，下ガリラヤ地域にいた路上のシニック派の実践を通じて伝わった可能性もあります。重要な違いとして，イエスとその信奉者たちは，古代のシニック派には明らかになかった「集団的な規律」と「共同体的な行動」をもっていることが指摘されています。双方とも教えの根底には「反体制的な知恵」があると考えられ，初期のイエスの信奉者たちは末端の存在に献身し，シニック派の戦術に類似した方法で弱者の立場から支配的な社会規範に抵抗しています。特筆すべきは，これらの研究で論じられているシニシズムは，ほとんど猥《わい》褻《せつ》なものではないという点です。このような研究では，シニック派の恥知らずな行為の重要性を軽視する傾向があり，イエスとその仲間に対する学術的関心が，「唾を吐いたり，放屁したり，排便したりといったシニック派のエピソードに向けられることはない」でしょう。聖書学者の立場からすれば納得のいくことで，シニシズムと初期キリスト教の間には，より注目すべき関連性が潜在しています。このような論者がシニック派の恥知らずな行為を軽視しているという非難に対しては，「シニシズムをその最もスキャンダラスな行為に凝縮しようとする者は，一種の未熟な関心や幼稚な興味があるにすぎない」という主張で反論されています。確かにこの議論では，よりクリーンでスカトロ的でないシニシズムの継承は，シニック派の名にちょうどふさわしいものです。この非難への応対として，シニック派の一部のエピソードは人々を楽しませおもしろがらせていたことは紛れもない事実だ，という主張もできます。しかし，シニック派の肉体とその排泄機能や性機能に重点を置くことは，規制の場として，肉体が広範な社会秩序の判断的運用をどのように反映し守ることを期待されているかを理解するためです。この秩序は，取り込むもの，排出するもの，それを行う方法を定めて，肉体が操作するべき範囲を定義します。シニック派の実践は，肉体に定期的に出入りする物質，およびそれらがどのような規制・命令を受けているかに注目することで，この禁制を打ち破ります。そうすることで，シニック派は肉体を自分の政治的実践の中心に据えるのです。もしイエスの時代に，このような身体機能への関心がすでに失われていたとしたら，それはシニシズムの教えにとって大きな損失です。しかし，皇帝ユリアヌスが当時の路上のシニック派を見て嫌悪感を抱いたことを確かな指標とするならば，シニック派は恥知らずで攻撃的な行為へのこだわりを，何世紀にもわたって維持していたことになります。

シニック派の肉体と
その排泄機能や性機能に
重点を置くことは，規制の場として，
肉体が広範な社会秩序の判断的運用を
どのように反映し守ることを
期待されているかを
理解するためです。

愚者シメオン

節度を欠いたディオゲネスとのかかわりは，特に4世紀のキリスト教書に描かれています。これは，異教の哲学をキリスト教の知的・教育的な教えのなかに吸収しようとする広範な試みの一環でした。ユリアヌスがキリスト教の禁欲主義に代わるものとして理想化したディオゲネス像を提示したのと同世紀に，ユリアヌスに敵対するキリスト教徒はディオゲネスを利用して，疑心暗鬼に陥っている上流階級のキリスト教徒に禁欲主義を勧めました。ディオゲネスは，あらためて不適切な部分を排除したうえで道徳的模範として，つまり，逸脱せず見栄を張らない簡素な人生の提案者として周知されるか，あるいはキリスト教の禁欲主義に最も近い異教徒のそれと区別するために，シニック派の高慢で幼稚，そして恥知らずな行動を理由に拒絶される存在でした。このようなシニシズムの受容が，異教徒とキリスト教徒の間で繰り広げられた「ギリシャ・ローマの教育と哲学の教えの正統な継承者はどちらか」という大議論につながりました。ディオゲネスは双方においてストックキャラクター（お定まりの登場人物）として存在していました。このような流れのなかで，シニック派に似たキリスト教禁欲主義者に関するある記述が目を引きます。7世紀にキプロスのネアポリスの司教レオンティオスが書いた『*Life of Symeon the Fool*』（愚者シメオンの生涯）です。キリスト教の教えにおいて，「聖なる愚者」は，より激しくスキャンダラスで対外的な禁欲主義の典型です。シメオンは，スローターダイクが描く飼いならされた修道士とはかけ離れているように見えます。

シメオンもディオゲネスと同様に，死後１世紀近く経ってから書かれた『愚者シメオンの生涯』を通して，間接的に出合うことになります。レオンティオスは，シメオンについての記述を構成するにあたり，ディオゲネスに関連するクレア（chreiai）に影響を受け参考にしたとされています。クレアとはある人物の言葉が含まれる逸話を指し，ヘレニズムや古代末期の学校における修辞学のカリキュラムで大きな位置を占めていました。著名人が残した何千もの言葉を集めたクレアは，教師が生徒の演説スキルを鍛えるための修辞学の構成要素となっていました。その目的は貴族的な価値観を伝えることにあり，ディオゲネスに関連するクレアは，見習うべき例としてではなく道徳的な論点として取り上げられました。それは「社会への適応を促すもの」であり，妨害するためのものではありませんでした。比較的有名なこれらの言葉や逸話は，レオンティオスのシメオンに関する記述のモデルになっただけでなく，その記述を理解するための共通の枠組みとなりました。

レオンティオスの『愚者シメオンの生涯』は奇妙な構成で，シメオンの若年期を語る構文的に複雑な第一部と，下品な逸話を集めた第二部に分かれています。第二部は，一般の読者にも受け入れられるような口語体で，シメオンの晩年が描かれています。このような２種の文体を使い分けた構成（ダイグロシア）

は議論や憶測を呼び，後半部分はほかの文献から貼りつけただけではないかと指摘されています。その出自はともかく，同書が，シメオンのキリスト教的シニシズムの見苦しい面を，洗練された言葉で装飾して覆っている点が重要です。レオンティオスは，この物語についてしばしば謝罪し，読者に許しを求めています。冗長な前半は，スキャンダラスな内容の後半に向けて構成され，描かれる人生が何年にもわたる苦行と敬虔な隠遁の結果であることを説明し，読者に心構えを促します。しかしレオンティオスは，ユリアヌスが当時のシニック派を体系的に浄化したように，シメオンのシニシズムを許容できる部分と逸脱した部分に分けていません。

砂漠で何年も過ごしたシメオンは，死んだ犬を連れて街に入ったそうです。彼は教会で女性に木の実を投げつけたり，大量の豆を食べたり，路上で排便したりと散々な迷惑行為に及びました。シニシズムがほのめかされていることは明らかで，「シメオンを犬に結びつけることで，レオンティオスは言語的にも隠喩的にもシメオンをシニシズムの教えに結びつけています」。豆を食べる行為は，ディオゲネスが放屁のために大量の豆を貪ったとされるシニック派の言い伝えに通じるものがあります。シメオンは地元の人々の反感を買っていましたが，迫害者を平然と受け止めました。「彼の創意工夫により，都市全体で罪がほぼ消滅した」といわれています。シメオンは，異端者，ユダヤ人，売春婦，活動家などを改宗させることにどうにか成功しました。しかし，彼は自分に従う者を敵視しており，自分の神聖さが認められるとその印象を払拭しようと全力を注ぎました。小さな小屋に住み，古い外套を着て，「寒さにも飢えにも暑さにも悩まされなかった」シメオンは，ディオゲネスのような肉体的な自己鍛錬を行っていたようです。

シメオンは，初期キリスト教の聖職者に象徴される，人々を癒す能力があるとされていましたが，一方で「人々を癒すのと同じくらい，彼らを肉体的な問題で苦しめていたようです」。これもまた，攻撃的な支援者というディオゲネスのイメージを反映していると思われます。シメオンは，自分の教えを明らかに狂気に満ちた行為として具現化し，わざと義憤を引き起こして，自らを殴ったり嘲笑したりするよう促しました。たとえば女湯に裸で駆け込むといったシメオンのスキャンダラスで恥知らずな行動は，一般的な良識の基準を覆し，期待されるキリスト教の禁欲主義者像を翻弄しました。そのため，レオンティオスの言葉を借りれば，彼は「汚れ，一種の毒，高潔な生活を妨げる存在」であるかのように見えますが，実際には「汚れのないヘドロのなかを旅してきた，最も純粋な真珠のような存在」でした。

この簡潔な説明が示すように，シメオンと古代のシニック派との間には十分な類似性がありますが，彼のシニシズムにはキリスト教への信仰心が十分に入り込んでいます。シメオンが街まで死んだ犬を引きずってきたことは，彼が古代シニシズムを超越していたことを示唆しているのかもしれません。ディオゲネスを模倣することに至っては，これが彼の変装の一部であり，対外的な行動は彼の内なる神聖さを隠すための策略なのかもしれません。シメオンは，シニック派のように自然と調和した生き方をしているように見えますが，実際彼の生涯は，キリスト教の美徳に忠実であることに裏打ちされています。その美徳ゆえに，浴場で出くわした女性たちに「汚される」こともありませんでした。彼の性器にかかる厄はすでに砂漠で祓われており，それによって「勃起という厄介事」から解放されていたのです。シメオンは美徳の下に，道徳的な指導，キリスト教への改宗，そしておそらく最も奇妙なことに，社会的・宗教的な適応に尽力しています。レオンティオスは，シメオンの生涯を描写することで，彼の例をまねることを勧めているわけではありません。都市生活の偽善を明らかにして意見するためにシメオンを利用し，社会批判と贖罪というキリスト教の特徴的なメッセージを伝えているのです。

シメオンと彼が模倣したシニック派との違いをさらに言及すると，彼が聖なる愚者の役目として社会規範に挑んだのは，長年の孤独のなかで社会規範に縛られず生きることを学んだ後でした。これは特筆すべき点です。レオンティオスが述べるように，シメオンは典型的なキリスト教の苦行を含む鍛練を事前に積んでいたため，肉体をもたず，また肉体の間に立ち入らなかったことを明言できたのです。一方，古代のシニック派は，内なる神聖さなどないふりをして社会の内側から社会規範と闘い，肉体を条件づける社会的規範と照らして自分の肉体の存在を敏感に感じ取っていました。この活動は神への訴えから生まれたものではなく，また，すでにつくられていた存在様式（シメオンが行ったとされる，確立された砂漠の修道生活）をもとにしているわけでもないため，かなり不明瞭なものでした。シニック派の実践には，まだ見ぬ存在様式，根本的に異質な未来に向けた努力がありました。

第5章

樽を空ける：近世の不満分子

シニシズムの受容は，ディオゲネスが「ルネサンスの文化段階」に登場することで，互いに相容れない複数の対立的要素に分裂していきます。1433年頃にラエルティオスの著書がラテン語に翻訳されるなど，この時代にギリシャ文学が再注目されたことで，古代シニシズムの理解に役立つ新たな資料が集まりました。シニシズム流にいえば，ルネサンス期には，対抗する解釈という妥当な「犬の朝食」が提供されました。「ルネサンスでは中世の書物が引き続き読まれていた」ため，中世とルネサンスのシニシズムのイメージが完全に異なることはありませんでした。それは，異教徒や初期キリスト教徒の著者たちのシニシズムに対する両面的な理解を受け継いでいます。たとえばキリスト教徒の立場は，4世紀後半にシニック派の自制心を称賛したジェロームから，5世紀初頭に「シニック派の非常識な下品さ」に不信感を抱いていたアウグスティヌスまでさまざまでした。しかし，ルネサンスの時代になると，理想的なシニシズムを下等な路上のシニシズムから守る必要性はなくなっていました。一説によれば，シニック派は5～6世紀以降活動していません。中世の神学者やルネサンス期の人文主義者は，「現世の物質主義を拒絶するための非宗教的なモデルとして」シニック派哲学に訴えることができ，不快で肉体を重視しすぎるシニック派托鉢伝道師と自分たちを相対するものとして定義する必要もありませんでした。

ディオゲネスは，中世文学のところどころに清貧，美徳，自制の友として登場し，キリスト教の使徒の清貧に相当する異教徒のそれを示しています。ディオゲネスは，無知な人々にどうしても誤解されてしまう，毅然とした信心の形を示す存在として描かれます。たとえば，13世紀のフランシスコ会の神学者，ジョン・オブ・ウェールズは，ディオゲネスの美徳について詳細に述べています。その美徳とは，魂の堅固《けんご》さ，不変性，自制心，悪徳やほかの欲求を抑える力，率直さ，お世辞を避けること，他人の苦しみへの思いやりなどです。このような解釈はルネサンス期にも見られます。同時代の詩人マフェオ・ヴェジオは，15世紀の教育論のなかでディオゲネスを若者の手本とし，「哲学を学ぶのは，思索にふけって理解するためではなく，人生でもつべき正しく誠実な目的と，それを達成する方法を即座に直感するためである」と述べています。15世紀後半には，ヒューマニストのロバート・ガギンが，フランス王シャルル8世にクラテスの偽書を送り，「主より何世紀も前に生きたシニック派」が「キリスト教の法にかなうもの」をこれほどまでに示したことが，いかに驚くべきかを言及しています。

シニシズムが妙に敬虔なものとして捉えられるようになると，シニシズムの恥のなさは何らかの説明で片づけられました。一つの解釈では，古代シニシズムに時折見られる下品さは，古代人の単純かつ質素で一般的な生活様式の産物であると主張されました。また，医学的見地からシニック派の排泄行為を説明したものもありました。もし「非常に厳格で禁欲的な人間であるディオゲネスが何度かヴィーナスを利用した」とすれば，それは彼が「自分の種を保持することが不快であり，自分にダメージを与える」と感じていたからです。これは，健康上の理由から精液は排出すべきだという医学的助言と一致しています。ほかのルネサンス期の作家たちは，より慎重な考察をしています。たとえば，ディオゲネスは肉体に関心を大きく寄せすぎていたとし，キリストをこれから知っていく人々にとっては，ほかの異教哲学と並ぶ淡い期待の一つにすぎなかったと指摘しています。にもかかわらず，16世紀から17世紀のドミニコ会やイエズス会の伝道師たちは，説教をする際にシニック派の伝承を引き合いに出し，特にディオゲネスのおべっか使いに対する非難，自制，実直さ，自発的な窮乏に焦点を当てました。

また，シニシズムは真逆の目的でも利用されました。原始キリスト教の信心深さの模範としてのみならず，常軌を逸したキリスト教宗派を糾弾するためにも用いられたのです。この文脈では，シニック派と関連するものは，別の宗派を真っ向から否定するほど有害であるとみなされていました。「ベガルドやトゥルルピンのような異端」は，自然なもので私たちが恥じるべきものなどないと主張し，非難されました。彼らは，「犬のように裸で生活し，恥部を見せびらかすシニック派のようだ」として退けられました。現在においてシニシズムは独自の異端として扱われ，別物として定義されていますが，1569年に出版された異端の辞典では，この二つの宗派やその他宗派が再びシニック派と関連づけられています。「恥のない犬の交尾のように，女性と交わることが許されると信じていた，肉欲に満ちた野蛮な哲学者たち（クラテスとヒッパルキアを指す）は，数世紀後にワルドー派や同様の異端者たちに模倣されました……。彼らの放蕩を模倣する多くの人々は，あらゆる権威を軽蔑し，至高性を冒瀆《ぼうとく》しました」。イタリアのルネサンス期の人文主義者たちは，こうした批判をさらに発展させ，シニック派哲学は「深い自己嫌悪に根差して」おり，「詐欺，偽善，悪徳の母である」と明言しました。イエズス会の論争家，フランソワ・ガラッセは，ディオゲネスを「うぬぼれの強い愚か者で，おまけに無神論者」とし，樽での生活も「異常なほどのワイン好き」だったからにすぎないと断じました。1622年にフランチェスコ・コッリオは，破滅すべき異教徒と救済に値する異教徒を見極めるため，ディオゲネスを裁判にかけ，彼の美徳はすべて悪徳であると裁定しました。シニシズムとキリスト教を結びつけてキリスト教の威厳を高めようとする，これまでの偏向した試みが，ここにきて報いを受けているかのようです。

ラブレー

ルネサンス文学では，シニック派の禁欲主義を称賛する者とその恥のなさを否定する者との宗教的境界がありました（中世の書物でも同様の境界があった）が，さらにシニシズムは，ルネサンスの作家の遊び心に火をつけました。最も有名な例として，ラブレーの下品な作品（ワインで満たされた樽と表される作品）を取り上げます。16世紀に書かれた『ガルガンチュワとパンタグリュエル』（邦訳：2005年，ちくま文庫）は，二人の巨人とその仲間たちの活躍を描いたグロテスクな喜劇ファンタジーです。作品の冒頭には「最も高貴で輝かしい酒飲みたちよ」「ほかでもないあなたたちに，私の著作を捧げる」とあります。対象読者を教養のある者としていることは明白で，教育を受けていないとわからないような文化的な引用や言及が散りばめられていますが，意図的に野暮な冗談が含まれています。

ディオゲネスは，『ガルガンチュワとパンタグリュエル』の第二之書に登場します。地獄を訪れたディオゲネスは，「非常に堂々とした荘厳な雰囲気を漂わせ，豪華な紫のガウンをまとい，右手には金の杖を持って」闊歩します。ディオゲネスにとっての地獄とは，そのように無理やり歩かされ，しかもそれを楽しむよう強制されることだと暗示しているのかもしれません。

しかし，彼の姿は敵対する相手の服装をまねることで権力をあざ笑うという，カーニバル風の立場逆転劇として解釈されています。ラブレーの作品には風刺的な文脈が多く含まれているため，これをどう捉えるべきか難しいところです。ディオゲネスは第三之書のプロローグで再び登場し，「輝かしい酒飲み」と「痛風を患っている紳士たち」（痛風は金持ち特有の病とされている）に向けて語ります。このプロローグで，ラブレーはシニック派のディオゲネスに自分を投影し，この人物を介して物語の続きを構成しています（ラブレーの本名で出版されたのは第三之書からで，ここで哲学者と関連づけたことは特に注目に値する）。ディオゲネスの登場に重要な意義があるのは明らかですが，同書の構成におけるディオゲネスの正確な役割は不明瞭であり，多くの議論が交わされています。ある一流の識者は，同書を「まったく不可解」と評し，「この作品は始まりと終わりがループしており，無限に続く探求の旅が描かれている。そのポイントは決して明確ではなく，テロス[*9]が永久に先延ばしにされている」，「気が滅入るほど膨大な知識が詰め込まれ，辛辣な批判，逸話，洒落《しゃれ》，といった無関係な余談もはさまれている……。この探求の旅は決してゴールに到達しない」，「この本が何について書かれているのか，正確に知ることは難しい」と述べています。

---

*9　テロス：ギリシャ哲学で用いられた言葉で，「目的」という意味。哲学では，「人間が実現を願い，行動の目標（善き人生をまっとうする生き方）としているもの」という意味で使われていた。

ある解釈では，ディオゲネスの登場は，「読者を惑わせ挑発する」ラブレーの意図的な策略であり，読者の愛着を揺さぶり期待を裏切ることで，異質なものと向き合わせ，当然生まれる疑念への心構えを促すシニシズム的な作戦であるといいます。ラブレーはディオゲネスに自分を投影することで，同書が「意図的に体系化されていない」ことへの理解を読者に求めます。そのため第三之書は，シニック派の「自由な即興」という観点から解釈できます。これはディオゲネスのやり方からヒントを得たもので，「方法やヒントを提供するのではなく，解釈を覆し揺るがすような頑固さとユーモアの組み合わせ」として理解されています。

しかしそれにもかかわらず，ディオゲネスは，教養ある人々（ラブレー作品の著名な読者など）の友人や仲間として位置づけられています。プロローグで，ラブレーはルシアンの逸話を引用し，シニシズムが作品にどのように影響しているのかを示しています。原文は以下の通りです。

> フィリップが行進中であるとされていたとき，コリントの人々はみな忙しく，武器を準備したり，石を運んだり，壁の下地をつくったり，城壁を補強したりと有用な仕事をしていました。その様子を見ていたディオゲネスは，やることもなければ，だれからも必要とされていなかったため，哲学者のマントを羽織ってコーネルの丘へ行き，

たまたま自分が住処としていた樽を，一人せわしなく上へ下へと転がしました。友人の一人が「ディオゲネス，なぜそんなことをしているのだ？」と尋ねると，彼は「みなが働いているなか，たった一人の怠け者と思われないように樽を転がしているのだ」と答えました。

ラブレーはこのルシアンの逸話を脚色し，作中でディオゲネスに本と筆記用具を持たせています。これらは当然，樽を転がす前に捨てられます。この描写は，ルネサンス期によく読まれたラエルティオス著『ギリシア哲学者列伝』で描かれた，ディオゲネスの読み書きに対する敵意を軽視したものであり，ただの脚色ではなく重要な象徴です。ディオゲネスはこれらの道具を捨てますが，最初に持っていたのは明らかです。とはいえ，風刺的な文脈のため，この脚色部分を解釈するのは困難です。ディオゲネスが教養ある人々の友人になったとしても（すなわち，本や本好きな人，つまり本に知恵を求める人への敵意を捨てたとしても），または何らかの形で敵意をもち続けていたとしても，ラブレーはこの例で自身をディオゲネスに重ねることで，作品をユーモラスに解説しています。彼は，自身の作品がディオゲネスの樽転がしのように，無意味なものに見えるかもしれないことを示唆しています。戦時中において，それはちょっとした気晴らし程度にしかなりません。

しかし，もしラブレーがディオゲネスを単にコミカルな道化役ではなく，反体制的なキャラクターとして登場させているのであれば，酒樽運びの作家としてのラブレーの自意識過剰でばかげた行動は，より巧妙なメッセージを伝えています。すなわち，働いている人々は，樽を転がす屈託のないシニカルな人間よりも重要な仕事に従事している，と考える者こそ，現実のだまされやすい人間なのです。彼ら（法律家，悪徳弁護士，偽善者，修道士など）は，自分たちの絶え間ない労働の滑稽な側面，おそらくは不条理な無益さを直視できません。これこそが，樽転がしのエピソードに巧妙に込められた意味です。これは，コリントで必死に防御体制を築いたことが不要であり（実際に侵略は起きなかったため），無駄だったこと（仮に攻撃を受けてもコリント人は耐え切れなかったであろう），そしてこのジョークの真骨頂として樽転がしとほかの労働との間に一種の同等性があることを示唆しています。実際，耐える覚悟がある者にとっては，樽転がしのほうが望ましいかもしれません。

ラブレーは，迷いや疑いなくこの作品を味わう準備ができている読者だけに，ワインで満たされた彼の樽から「率直に，自由に，大胆に」飲むよう勧め，「蛇口からどんなに出して飲んでも，私が同じ量だけ樽に注ぎましょう」と表現しています。それに値する読者に対して，彼の樽は「いつまでも空になりません」。ふさわしい飲み手にとっては「陽気さと愉快なからかいにあふれた真実の宝庫」です。この作品は，生き生きとしながらも荒廃的な内容を呈しています。ディオゲネスの樽は陽気

もしラブレーがディオゲネスを
単にコミカルな道化役ではなく,
反体制的なキャラクターとして
登場させているのであれば,
酒樽運びの作家としてのラブレーの
自意識過剰でばかげた行動は,
より巧妙なメッセージを伝えています。

さの象徴として描かれていますが，樽転がしの意義は曖昧なままです。また，ほかのあらゆる労働が樽転がしと同等であるなら，それらの意義も曖昧になります。ラブレーは一時，ディオゲネスの樽転がしを，シーシュポスが受けた不条理な罰（大きな岩を山頂まで転がすよう命じられるものの，決してたどり着けない）になぞらえています。これに教訓があるとすれば，無駄で終わりのない労働の教訓です。私たちが到達できる域はシーシュポスと大差ないと示唆することで，ラブレーは現代のシニシズムの悲観的な態度を予測しているようです。

『ガルガンチュワとパンタグリュエル』では，肉体は，屁や口笛などを発する下劣な影響を及ぼすものとして顕著に描かれています。これは，ラブレーの作品におけるシニシズムの役割をさらに証明するものと考えられます。しかし，このような解釈は，シニック派の主題に迫るバフチンの影響力のある分析とは別物として考える必要がありそうです。バフチンによれば，ラブレーは文学における「グロテスク・リアリズム」の最も純粋な例を示しています。バフチンは，「グロテスク・リアリズムの本質的な原理は堕落である」，「すなわち，高尚なもの，精神的なもの，理想的なもの，抽象的なものすべてを，現世と肉体の永続的な結びつきの領域にまで還元することである」と主張します。ここでは，堕落は肯定的な意味で理解されており，肉体はその基本に還元されることで宇宙のように無限の意義が手に入るとされます。それは，「ほかの生活圏から切り離された私的で自己中心的な形としてではなく，普遍的なものとして」存在します。バフチンの解釈によれば，肉体の物質性は「生物学上の個々人やブルジョアのエゴのなかではなく，人々のなかにあります」。だからこそ，『ガルガンチュワとパンタグリュエル』では，肉体に大げさなほど肥大化した重要性をもたせているのです。それは，生と死と転生が重なり合う地上の一つの共同体として，一つの実体を共有する形で結ばれた，すべての人々を包括する基本的な一体性を意味するようになります。バフチンは，これをグロテスク・リアリズムの「ユートピア的様態」の典型と考えます。そこにはコメディ的な機能もあり，「人々の笑い」，つまり下品なジョークや広場での小競り合いで起きた笑いが，その下品さにおいて再び称賛され，「笑いは堕落と物質化をもたらす」ことを示しています。笑いは，あらゆる高次の思考形態の「狭量で愚かな真面目さ」を攻撃し，「人間の意識，思考，想像力を新たな可能性に向けて解放します」。ラブレーのグロテスクとは，「まったく異なる世界，別の秩序，別の生活様式の可能性を明らかにする」ものです。その可能性は，理想やビジョンではなく，「別の世界」すなわち，本質の誤った理解に左右されない世界に対するグロテスクな「肉体的な認識」のなかで，理性に訴えかけます。シニシズムもまた，私的な問題を公のものとすることから，シニック派の実践の様態は上述の説明にあてはまるかもしれません。シニシズムも，堕落と物質化を促し，肉体を実践の中心に据えることで，別の生活の可能性を示しています。同様に，そのような生活は，私たちの存在を管理し条件づけるすべての一般概念をシニック的観点で分解することによってのみ出現します。しかしシニシズムは，「堕落」や下品さによって称賛を受ける「人々」や民俗文化に期待するような，バフチンの分析の鼻につく楽観主義を嫌がります。シニシズムは，「下品な」人々がもたらすような活性化を促す自然の存在における，楽観主義に基づく視点を避けます。シニシズムの堕落は，代替の理想や人文主義者などを確立するためにこのように中断するものではありません。

バフチンは，『ガルガンチュワとパンタグリュエル』には「内面性の世界はない……。十分に表に出せるものばかりだ」と主張し，もう一つの重要なシニシズムの主題に近づいています。後続の解釈者たちもこの議論を続けています。ラブレーの作品は，「自己の内面的な心理作用を無視しているという点で，近代文学やモンテーニュの『エセー』とは著しく異なります。ラブレーの作品において，人の存在は，行動，対話，肉体を通して表現されており，奥底の内面的な動きが表出しています」。ここでもまた，秘密にしておくべきものをすべて表に出してしまうシニック派哲学と潜在的につながっていると考えられます。外面的な同次元であえて浅はかに肉体と自己を操作するシニック派は，一切のものを高めず，隠すことをほとんどしません。シニシズムがラブレーと共有している特徴は，近代文学との違いを生むということでもあります。自己の内面の動きに注

しかしシニシズムは，「堕落」や
下品さによって称賛を受ける「人々」や
民俗文化に期待するような，
バフチンの分析の鼻につく楽観主義を
嫌がります。

視しすぎる近代文学は，心理的な深みを見せかけており，シニック派いわく，読者は私的な思索という特徴的な楽しみ方に引き込まれていきます。シニック派のために，ラブレーは近代ブルジョア文学の文化を弱体化させる手段を提供しました。近代ブルジョア文学は，道徳を守るテクノロジー，あるいは統制の手段として機能しています。文学は，教養ある人々が知らず知らずのうちに閉じ込められている主観的な枠組みを構築するのに一役買っています。もしもラブレーが多様な解釈者や専門家の手から逃れれば，近代文学が生み出した感性を打ち破れるかもしれません。経験の複雑さと豊かさをもとにした人格形成に焦点を当てた近代文学は，深みと道徳的な真剣さを呼び起こし，教養ある人々のリベラルな人文主義を尊びます。そうすることで，必ずしも道徳規範を明確にしなくとも，道徳的な存在の経験を伝えることができます。そこで構築された主観的な枠組みは政治的状況の変化にも対応できます。テリー・イーグルトンがかつて述べたように，近代文学では教育された主観性を「それ自体が目的であり，それ自体が明らかに機能し，それ自体が正当化されている」としています。教養のある者が人生の意味を考え，文学に反映されている「自分の豊かな内面性」を楽しむことで，彼らはほかの不安な状況に適応します。そのなかで平和に暮らすことで，さらに破滅的な政治的・経済的秩序で動く世界にも賛同できるのです。芸術や人文科学が何らかの形で存続し，美術館を訪れたり，演劇を楽しんだり，読書会を開いたりできる限り，教養のある者は適応し続けるでしょう。彼らの将来的な展望に暗雲が漂えば，時には警戒心を示し，嘆願書に署名したり集会を開いたりするかもしれません。しかし，教育された主観性の内省的な愚かさがある限り，基本的には平穏なままでしょう。主観的な枠組みのなかで生きる者は，事実上，次のように明言しています。「私たちのような人間がこのような社会にまだ存在できるなら，希望は残っているはずだ」。ラブレーはシニック派を登場させ，教養のある者のゆがんだ顔つきを強調することで，この退色した人文主義の見解を打ち破るのかもしれません。

しかし，バフチンは，人間を「完全に外面的な存在」とするラブレーの表現には，まったく異なる意図があると考えました。ラブレーは，このように人間を表し，精神的な内面性をもたないキャラクターを構築することで，個人の「伝記的時間」を「歴史的成長と文化的進歩」における「非個人的時間」のなかに消失させています。ラブレーは，「封印された個人の一連の人生」を超えて，「人類を一つに包み込む共通の人生」に手を伸ばします。バフチンの読みでは，ラブレーは現代のブルジョワ主体の個人主義を攻撃しながらも，教養のある人々の潜在的な人文主義にへつらっています。ラブレーは文学を介して，私たちに共通する人間性を知るための別の切り口を提供する，とバフチンは考えます。

『ガルガンチュワとパンタグリュエル』で表現されている特

定の肉体的行為の過激な意図も，シニシズム的な観点からは解釈が困難です。ラブレーは，シニック派が向き合わなければならない非常に現実的で切迫した状況ではなく，ファンタジーの域で倒錯したシナリオや恥知らずな行為を描いています。たとえば「ガルガンチュワが6人の巡礼者をサラダにして平らげた」うえ，彼らを吐き出して小便とともに流した描写や，「パンタグリュエルが自分の屁とともに小人を生んだ」描写など多岐にわたります。これらのシナリオが，ファンタジーの文脈で表現されたシニック派のある種の行為として理解されるべきなのか，それとも別の意味で倒錯した一部の人々にとって不快なものとして理解されるべきなのかは判断に迷うところです。いずれにしても，これらの描写はフィクションであるため，この作品における（さほどでもない）シニシズムは文学の域を出ません。規範は，教養のある者の言説のなかから覆されるのであって，異なる生活様式を行動で示す個人への反論によって覆されるものではありません。この文学的文脈では，見た目も行動も声も匂いも少々変わっている，攻撃的で野暮ったい路上のシニック派による逆転劇ではなく，知識に基づいた文化的規範の巧妙な操作を見ることができます。このことは，文学的なシニシズムの反体制的なポテンシャルを減じるものではありません。また，作品が原因で著者（ラブレーの知り合いもいた）が殺されるような状況のなか，執筆活動をするラブレーが直面していた危険性を打ち消すものでもありません。このような背景から，ラブレーがディオゲネスを登場させたのは，シニック派のユーモアに対する勇気ある訴え，暗い時代にもシニシズムの笑いが必要だという主張として解釈されています。しかし，シニシズムは一体何を断念したのか，再度考えることは重要です。それは長い間，一方ではキリスト教の禁欲主義の実践によってかき消され，そして修正され，また一方ではラブレーが示すように，文学作品によって飲み込まれていました。

近世の不満分子

近世に入り，古代シニシズムが変化していった転移と修正のプロセス（前述のように，最初のギリシャ・ローマの解釈者と中傷者から始まった）は，シニシズムの「ヴァナキュラー[*10]」と呼ばれるものによって，さらに複雑化しました。シニシズムの運命とその全体の歴史は，基礎となる教書や教義が存在しないことが悩みの種としてつきまといますが，近世でシニシズムは「時事的，大衆的，あるいはヴァナキュラーな解釈の圧力を非常に受けやすくあった」と論じられています。その結果，シニシズムの意味は「古典的なパラメーターをはるかに超えて拡大し続けました」。英語の文脈では，シニック派はある種の「抗議者，厭世《えんせい》家《か》，物憂い者，不満分子」として捉え直されました。おそらくシニシズムはここから，うんざりした消極的な意味合

*10　ヴァナキュラー：「土着化」，「土地特有の」，「話し言葉化」といった意味。ここでは，ある地域やその地域の人々の生活に深く関連した文化という意味合いで使われている。

いをもつ現代のシニシズムにつながっていったのでしょう。

シニック派の伝説は，古文書の翻訳や新たに編纂された古代の格言集（エラスムスの『警句集』など）のほか，読書家向けや学校のカリキュラムでの使用を目的としたヴァナキュラーなコレクション，寓意画集，百科事典，文集などを通じて広く普及しました。17世紀半ばまで，修辞学の威光は文化的にもカリキュラム的にも影響を及ぼし，学生たちは日常的にシニック派の逸話や格言に触れることになりました。ディオゲネスの率直な発言やパレーシアは肯定的に評価され，学生の雄弁術の訓練に相対するものではありませんでした。実際ディオゲネスは，賢明な「助言者」として，また，権力者を非難するのではなく，勇気をもって助言する洗練された説得術のモデルとしてよく描かれるようになりました。シニック派の演説の潜在的な聴衆は，都会の匿名の群集ではなく君主であると再定義されました。このように，（立派な）権力者に真実を語る（立派な）シニック派の従前からの潜在力をあらためて強調し，大胆で勇気あるシニック派のような君主は宮廷にポジティブな変化をもたらすという主張は，君主の率直さの「ファンタジー」を反映しているのかもしれません。これは，「現金と信用の経済の発展に対する代償性反応」であり，もはや君主ではなく現金が王となる資本主義経済の初期の発展によって廃れてしまった古いテクニックを，復活させようとする試みでした。

その一方で，修辞学はシニシズムに対する批判的評価の材料ともなり，シニシズムが宮廷で機能しづらい状況を生み出しました。シニシズムに対する評価は，前述の肯定的なものと並んで，著しく否定的なものも見られます。16世紀から17世紀初頭にかけて，修辞学の訓練は主にキケロを軸としていました。ディオゲネスに対する否定的な人物描写は，キケロ自身の判断を引き継いだものであり，彼はシニック派が礼儀，名誉，配慮，礼節を欠いていることを嘆いていました。ディオゲネスは，このような否定的評価のなかで，礼儀正しい学生の反面教師として登場します。ディオゲネスは，自制心を欠くことで，言葉の力（雄弁さ）と社会的地位を失うことになる事例として提示されました。「効果的なスピーチには礼儀が欠かせないこと，それは言葉だけでなく身体的な礼儀も含まれることを示す」ために，ディオゲネスは「不快な厭世家」として描かれ「低い評価」を受けました。ディオゲネスは，雄弁な人文主義者の「軽蔑すべき反面教師」となります。積極的に公の場で活動する人文主義者とは対照的に，シニック派は「孤独で憂うつな，廃れた不満分子」として再認識されるようになります。このシニシズムは,社会的に追放された者ではなく特権階級の苦悩として表れ，それが生み出すうつ病は「有閑紳士」に課せられた悪徳です。劣化した紳士的なシニシズムは，公の場から退いた人々の衰えや弱さの結果であると，批判者たちは認識していました。シニシズムはもはや，無知で啓発されていない孤独な人々の苦悩ではなくなりました。

このような否定的評価から，シェイクスピアのような作家が，滅亡寸前のシニック派像を拡大していきました。シェイクスピアの作品のなかでもあまり有名ではない戯曲『アテネのタイモン』（邦訳：1983年，白水社）では，シニック派は「幻滅と人間に潜む悪」を結びつける不快な厭世家にすぎないと否定されています。劇中では，偽りのシニック派であるアペマンタスと厭世家のタイモンが，より大きな知的・社会的病理を証言しています。そこでの彼らの無力さは「タイモンが暮らすアテネの社会制度や指導者に影響を及ぼす，広く一般的に充満している無気力を反映しています」。この救いようのない社会的衰退の描写は，説得力のあるスピーチとされる「大仰《おおぎょう》な主張に対する」シェイクスピアの「反論」として重視されています。大仰な主張とはすなわち，「訓練を受けた雄弁家は，人類をかつての野蛮さから救い上げる文明の代理人である」というものです。また，この劇では，自制（シニック派の自制を含む）が過激で変革的な政治の根源になりうるという考えを非難しているともいわれています。古典的な訓練，修辞学，雄弁術は（シニック派のパレーシアや自己充足でさえも），退化した社会秩序のなかで時代遅れになっているように見えます。そこでは，金銭と借金が唯一説得力をもつものとなり，同時に最も劣悪なものとなっています。シニシズムは，問題の解決策を提供するものではなく，衰退の一部として考えられています。実際，偽りのシニック派のアペマンタスは，タイモンの破滅に積極的かつ復讐心をもってかかわっていると解釈できます。最終的にアペマンタスは，「沈黙，共謀，無活動」によって，タイモンが「破滅に向かって突き進んでいく」のを認めています。これは，自身が不満を抱いている社会的，政治的，環境的な破滅的状況に静かに加担している現代のシニックと同じかもしれません。しかし，現代のシニックはおそらく，アペマンタスのように故意に，意識的に，意図的に衰退のプロセスに関与しているわけではないでしょう。

『リア王』では少し異なる点が強調されており，シェイクスピアはシニシズムを糾弾するのではなく，「架空の」登場人物の複雑性を提示しています。シェイクスピアは『リア王』で，シニック派のパレーシアがいかに簡単に「深刻な問題への主張をすべて放棄した，寄生虫のような道化師の単なるばか騒ぎ」にまで落ちていくかを示しています。シェイクスピアは，無情な道化を描くことで，シニック派の率直さは必然的に「コミュニケーション上の失敗」と「致命的な非効率性」をもたらすことを示唆しています。シェイクスピアが描く道化が，このような不可避の失敗に自ら注意を払っている点は特筆すべきです。「自身が最も辛辣に批判し，力強く説得しているまさにその瞬間に，自身の批判の無力さを表明するという，意図的なアイロニー」を示しています。このジェスチャーはシニシズムへの反論ともとれますが，シニシズム的批判がその正当性の主張や，現在の秩序のなかでの有効性に疑問を投げかける修辞的なジェスチャーから始まるという観点から，典型的なシニシズムとしても理解できます。これは，シニシズムを手段として利用しようとする者，シニシズムが倒そうとする枠組みのなかでそれを利用しようとする者を回避するための方法なのです。

シェイクスピアの若かりし頃に同時代を生きた詩人・風刺家のジョン・マーストンは，非常に辛辣かつ個人的に公言した形で，近世のシニシズムの別例を提示しています。マーストンは，自分が厭世家の毒づくシニック（ここからは，古代から継承されたシニック派と区別する）であることを公言しています。このシニシズムは，礼儀正しく真実を語ることを放棄し，自滅的であると同時に悪意に満ちた批判形態をとりました。少なくとも，1599年に出版されたマーストンの『悪行の鞭』ではその様が見られ，原理に基づいた代替案を提示することを拒んだり，美徳やより高い真理の立場から語るふりをしたりする一方で，礼儀作法や礼節の慣習を攻撃します。同時代のある者は，マーストンを「彼はよく燃える火の粉のようなもので，四方八方に飛び散り，自分自身を焦がさずにはいられない」と評します。当然ながら同書は賛否両論で，1925年にボドレー・ヘッド社が出版したバージョンの序文には，次のような厳しい忠告が書かれています。

『悪行の鞭』は娯楽本ではありません。また，偉大な文学でもなければ，偉大な風刺ですらありません。異常に大げさなくだりで，隠喩は非常にわかりにくく，エリザベス朝の風刺であることを考慮しても全体的に奔放に「汚物を垂れ流している」ような内容です。とはいえ，16世紀末のイギリス人作家の心理を理解しようとする者にとっては，『悪行の鞭』もその作者も無視することはできません。

最近の同調的な論者の考えでは，マーストンの「不満気なトーンのなかに……，社会的・政治的秩序に対する自らの無用さを思い知った，エリザベス朝やジャコビアン朝の行き場を失くした知識人たち」の声を聞くことができるかもしれません。無力感とまではいかなくても，自らの無用さを知りフラストレーションを感じることで，マーストンのような風刺家は，「より自由で礼儀正しさに欠ける言論」，すなわち，癒したり高めたりする「効果がない」ことを思い知らせる意図的に攻撃的な文章を書くよう駆り立てられます。そして，攻撃対象として，おしゃべりな上流階級の「モンスター化した状態」をさらします。教育を受けた人々は，何世紀にもわたって古典的な訓練によって高め，守ることができるという考えを育んできましたが，この甘い幻想には長い間，裏切られる予感とはいかないまでも，増幅する不安が伴っていました。マーストンのような風刺家や中傷者はこのような腐敗，すなわち教育を受けた人々の文化がより人道的な社会を実現できなかったことを，その崩壊に自らが関与することによってのみ証明できると示しています。また，シェイクスピアが雄弁の高揚効果に反論したり，マーストンが自分の階級のおごりに対して自虐的に暴言を吐いたりすることが，シニシズムならではの行為として理解されるのであれば，シニシズムが果たす文学的な役割は十分にあると考えられます。シニシズムが，際どく下品で呆気にとられるような類の実験的文学の言い訳として，また，樽転がしをまるでスポーツであるかのように文学的に描く手段として用いられることに反発しています。そして，より下劣な文学的シニシズムは自らの尾を噛み続けながら，とりわけ『悪行の鞭』においてその姿を顕著に現しています。

第6章

太陽を解き放つ：啓発された哲学者と放蕩者

啓蒙活動により，シニック派の吸収は加速していきます。聖人，聖なる愚者，不満分子などの対立に，哲学者と放蕩者も加わります。シニシズムは創造的適応性があるにもかかわらず，パロディ化され，最終的には拒絶されるに至ります。修辞学の衰退もその原因の一つです。修辞学はすでに学校のカリキュラムの軸から外れていたため，シニック派は「堅苦しい風刺で既定の型」にはめられた文学上のキャラクターに成り下がっていました。シニック派の逸話はある意味，修辞学の訓練，雄弁と説得力のあるスピーチの広範な訓練を介して残ってきたものでした。そのような形でシニシズムが維持されなくなったことで，シニシズムはもはや現在とは無縁の遺物，おそらくは新参の思想と対立するであろうものになりました。新参の思想とはすなわち，原始的で文明化されておらず「高めること」を拒む人々との区別化を強く望む，現代の思想家の自己理解を指します。それまで，シニック派の介入は挑発に役立つものとして認識されていました。しかし近世においては，宮廷でのシニック派らしい逸脱行為は見直され，憂うつで批判的なその態度は，文化生活に対する「無分別な敵意」にすぎないと理解されるようになりました。シニシズムは，これまで修辞学のカリキュラムのなかで伝えられてきた「威厳」と「想定されているポジティブさ」を失った状態で，現代に突入します。そのため，現代のカリキュラムでは無視され，その後，現代の哲学史家からも軽視され退けられるようになります。シニシズムの哲学的・文学的な影響力が低下するなか，立派なシニシズムと下品なシニシズムとの間に古くからある自己肯定的な対比は，ついに消滅します。残っているのは，かつて称賛されたシニシズムの対極にある浅はかなシニシズム，すなわち退けられ今やおぼろげに思い出される程度の，亡霊のような路上のシニシズムです。この浅はかなシニシズムには，落胆，ネガティブ，不満といった一般的なレッテルが貼られ，現在まで続いています。この影響は現代シニシズムにも漠然とした形で残っています。

現代シニシズムも教育とは対立関係にあり，最終的には切り離されています。シニシズムが，かつての修辞学の訓練でそうだったように，何らかの形で教育に「役に立つ」かもしれないという考えは，修辞学の衰退とともに奇妙に思われ始めます。現代の教育（希望と向上の象徴）は，シニック的な考えの恩恵を受けるどころか，その影響力やネガティブな面に反発しているかのようです。シニシズムが吸収されてきた歴史のなかで，そのバイタリティと過激な思想が維持できていたならば，これは興味深い闘いになるでしょう。現在，教育とシニシズムが対立する勢力であるとみなされているのは，もはやシニシズムに教育を脅かす力がないからにすぎません。前述の通り，教育的目標の達成に向けて日々失敗を重ねる人々によって教育をシニシズムの救済策に据えることは，それ自体がシニカルなお膳立てです。縮小された現代の典型的なシニシズムの形がここにあります。ここで，私自身の現代シニシズムに対する解釈が，おそらく少々異端であることを認めなくてはいけません。私の解釈では，二枚舌のような現代のシニシズムは，ネガティブさや信頼の喪失の結果というよりも，教育，解放，自由などに対する残存する愛着の影響を受けています。このシニシズムは，教育や教育を受けた人への愛情，そして教育を受けた人が表すものへの愛情から発生し，広まり，しっかりと守られています。

この点については，ジョージ・リトルトンが1765年に発表したプラトンとディオゲネスの『ダイアローグ』(邦題：死者の対話)をどのように読むかで説明できます。同書は，政治家，貴族，そして芸術の後援者でもあるイギリス人作家の視点から書かれた，政治的・哲学的な解説書です。対話のなかで，現代シニシズムは暫定的な形で描かれていると論じられています。同書でディオゲネスが果たした役割は，現代の「**インサイダー・シニック**」の性質を先んじているように見えます。インサイダー・シニックは，「人間の行動の究極の動機は，自己利益と権力の追求である」と信じ，その観点から自分の職業的背景を論じています。権力者のシニシズム，すなわち「被支配者の従来の価値観や道徳規範にうわべだけ賛同し」，他者を動かすことに比較的慎重なシニシズムとは異なり，特に「疎外された中間的立場の者」が多いとされるインサイダー・シニックのシニシズムでは，「実権が恐ろしく振るわれる様を垣間見る」ことができます。リトルトンの『ダイアローグ』に登場するディオゲネスからその特徴がにじみ出ており，未来のシニシズム，つまり私たちのシニシズムが顔をのぞかせています。

現代シニシズムがこのようなものであることは間違いありませんが（そしてそこから移行して，ドナルド・トランプのような大物や支配者が生み出されています），リトルトンの『ダイアローグ』に出てくる同様にゆがめられたプラトンの姿も，現代シニシズムにおける，支配的ながら，極めて捉えどころのない傾向を表していると私は考えます。リトルトンの『ダイアローグ』でディオゲネスは，プラトンが国を治める人々に丁寧に助言し，哲学の恩恵を伝えようとするあまり，権力に迎合していると非難しています。このようにして，ディオゲネスは相手のまったく異なるシニシズム，あるいは職業的な二枚舌を指摘しています。

> 哲学の仕事は人間を奴隷に磨き上げることだとあなたは考えているようですが，私は，人間の自立と自由を，野

性的で寛大な精神をもって主張するよう教えることだと考えます。あなたは,仲間を従え統率したいと考える者に,簡単で優しい手綱の握り方を教えると公言しています。しかし，私は彼らを振り払い，彼らがのし掛かり，欺き，侮辱してきた同輩たちの足元に踏みつけてやりたいとさえ思います。私たち二人のうち，どちらが人類にとって真の友といえるでしょうか？

プラトンの礼儀正しさは，「単に自身の哲学の大きな目標を果たすための戦略的手段にすぎず，「『誠実で分別のある親切な行為』は，哲学者が他者の人生に効果的に介入するための単なる最良の方法にすぎません」。私はこれを，教育を受けたリベラルなシニックの典型と考えます（ほかではそのような分析はされていません）。特に大学の学者は自己妄想的で自らを高めるような理想をもち，常に「**戦略的**（シニシズム）」に介入していきます。それは政府や影響力のある機関と手を組むために必要かつ賢明な策であり，そのような慎重な駆け引きが権力の手綱を断ち切るのではなく，緩めるのに有効であると考えられています。それは，彼らが職業上疑うよう訓練を受けてきた機関やシステムに，学問的に従うという論理です。このようなアカデミックでリベラルなシニシズムは好感をもたれるよう装い，善行を主張するため目立ちません。さらに奇妙なことに，その地位は，より露骨なそのほかのシニシズムを否定することで確立されています。それは第一に，現代シニシズムは，あからさまな偽善のシニシズム（罪の意識のない者のシニシズム）または信念に欠けるシニシズム（悲観主義に偏った者のシニシズム）であるという前提，そして第二に，民主的プロセスに有意義にかかわっていく前兆とみなされることが多いとされる現代シニシズムは無力化の産物（教育による高揚的効果を欲する人々の病）であるという前提に基づいています。近世の「ヴァナキュラー」の過程で，教育を受けたエリートたちは実際，当時のシニシズムを反乱の可能性や群衆の危険な「愚かさ」と結びつけようとしたと論じられています。おそらくそこが重要な転換点であり，希望に満ちあふれる教育を受けた人々が，「大衆のシニシズム」（軽蔑的な意味合いが強い）との関連を否定し始めたのです。現代でいう教育はその解毒剤とみなされ，普遍的な人権ではないにしても普遍的なイネーブラー[*11]となっています。

啓蒙主義のシニック派

古代シニシズムの教えがもつポジティブで破壊的な可能性について最後にあらためて考えるには，イギリスの状況から離れ，フランスの啓蒙主義の状況に移行する必要があります。そこでは，ルソー，ディドロ，サドといった作家たちが，シニック派

*11　イネーブラー：救済者。

哲学の魅力にそれぞれ独自の方法でアプローチしました。この状況では，啓蒙主義の哲学者たちが，彼らにとって最高の権威である理性への献身とディオゲネスを結びつけています。彼らが理想化したディオゲネスは，伝統による拘束を顧みることなく,理性がもたらす結果を恐れずに追求しました。この解釈は,「啓蒙主義の哲学者がシニック派に共感する根拠」になったと論じられています。シニック派は，啓蒙主義的理想の効果的な代役として機能しました。啓蒙主義的理想とはすなわち，「偏見からの自由」，「宗教的制約からの道徳の分離」，「コスモポリタニズム」，「世俗的・宗教的権威への率直な批判」，そしてシニック派の教えと関連して最もゆがんでいる「個人の自主性」です。これはシニック派の主題である教えでしたが，のちに極めて苦しい政治観をもつエドマンド・バークのようなイギリス人作家たちに遠ざけられることになります。啓蒙時代は,シニシズムが哲学として大きくアピールされた最後の時期であり，シニック派哲学の大部分が現代のヴァナキュラーでの理解に置き換えられる前の時期であると考えられます。

シニシズムの復活は複雑なものでした。シニシズムは潜在的に破壊的な過激主義に貢献したにもかかわらず，啓蒙主義者に取り込まれたことで，好戦的な哲学としてはさらに弱体化していきました。シニシズムには，啓蒙主義的な理性をより鮮明にするという魅力がありましたが,それを取り入れた人々は,「シニシズムに傾倒しすぎて理性を捨てた」という批判にさらされました。そのため，シニック派の思想が公共の規範や伝統を批判するために適応される場合は，シニシズムの最も下品でスカトロ的な要素は慎重に取り除かれました（サドはその要素をまったく別の形で用いました）。シニシズムは，啓蒙主義の働きによって吸収された結果，かなり「平坦化」され，哲学としては最終的かつ決定的に無意味なものになってしまったと示唆されています。シニック派哲学のスキャンダルや動揺を引き起こす力が弱まったことで，ヘーゲルはそれを「理論的にそぐわない」もの，つまり理にかなっていない原理として非難しました。その結果，職業化された新たな哲学の気難しい基準によって，シニック派哲学は疎外されました。シニシズムが啓蒙主義によって生き残ったとすれば，啓蒙主義のせいで生まれた批判のなかでのみです。またここでは，啓蒙主義的な「シニシズム」のレガシーは，見境のない批判意識を形成し，結果的に自らの基盤を崩すことになるという点で圧倒的にネガティブなものと考えられます。スローターダイクが主張するように，現代シニシズムは，啓蒙主義的な批判の遠い祖先と見ることができます。それは，最後には自らをむしばむ「疲弊した批判意識が，最後にたどりつく物憂げな休息の場」と理解されます。このテーマについては第７章であらためて考察していきます。

ルソー

啓蒙主義者がシニック派の主題を利用した結果，明らかに破壊的な文学作品が生み出され，シニック派の思想がさらに「再評価」されることとなりました。ジャン・ジャック・ルソーの作品と生活は，この再評価のプロセスの興味深い例を示しています。ルソーは，退化したシニック派であるとして非難され，ヴォルテールは，「彼はディオゲネスの犬，いやむしろその犬の落とし子の子孫の犬のようだ」と評価していました。ルソーを擁護すると，彼は極めて中途半端なそのあだ名を自虐的に使い，「私は内気であるがゆえに嘲笑的なシニック派となり，自分が体得できなかったよい礼儀を深く軽蔑するふりをした」と書いています。ルソーは周りからそのようなレッテルを貼られ，否定され続けてきたため，シニック派を自称するには慎重になるほかありませんでした。評論家たちは，ルソーがシニシズムの最悪の性質をもっていると考え，結局のところ彼は真の世界市民ではなく，「厭世的で，無礼で，卑しいシニック派」であり，「社会だけでなく，……道徳そのものの敵」であると訴えました。晩年のルソーは，旅をしたり実にあけすけな自伝的作品を書いたりしていたことから，やや複雑な人物像となっています。この自伝的作品を容赦なく解釈するなら，ルソーはうわべだけの半端なシニック派であり，孤立した哀れな存在であることを，自ら明らかにしたといえるでしょう。好意的な見方をすれば，同時代の人々が「狂気」として捉えた晩年の奇妙な生活や錯乱した執筆活動は，スキャンダルになるほどの貧困とパレーシアを追求するシニック派の姿だったとして理解できます。

晩年のルソーにどのような意図があったにせよ，また，彼が自分のシニシズムの程度と性質をどのように描いていたにせよ，作品全体を見れば，批判者と支持者のどちらもが作品とシニシズムを関連づけるのもうなずけます。ルソーは常に以下のことを軸にしているわけではありませんが「基本的にディオゲネス流の文明批判を追求している」と論じられています。特に，科学や芸術，そして社会全体に腐敗が広がっている真っただなかで，自らを着飾る上流社会に対するルソーの攻撃には，シニシズムが最も顕著に表れています。同時代の人々はうわべだけの美徳を実践しているにすぎない，とルソーは考え，すべての礼儀作法は不誠実で二枚舌であるとみなしました。また，現代哲学も侮蔑の対象とし，理性を追求することでその信者は自己中心的になり，同胞の苦しみに無関心になって離れていき，結果的にゆがみが生じると主張しました。この点においてルソーは，自己利益が人間の行動の究極の動機であると主張する，トマス・ホッブズやバーナード・マンデヴィルなどの哲学者を批判しました。これは，現代シニシズムの基本主張[*12]への反発です。この種の「シニック」は組織生活に悪影響を及ぼし，政治を疲弊させ，啓蒙主義から受け継いだ正義，友愛，理性の理想を裏切ると非難されていますが，ルソーはその責任の源は理性と哲学にあると真っ向から挑んでいます。この容認しがたい

*12　現代シニシズムの基本主張：人間の行動は基本的に利己的であるという前提で，人間にほとんど希望を抱かない考え。

考え（その2世紀後にスローターダイクが支持している）が，現代シニシズムを啓蒙主義的理性の産物としています。現代の保守派（ルソーではなくホッブズの支持者）は，腐敗の原因を明らかに別のところに求めています。ルソーが文明と結びつけた極めてエゴイスティックな態度は，人間の自然な姿として捉えられています。この態度は，スローターダイクいわく，フランス革命の失敗を「恐ろしいほどの満足感」をもって受け入れ，さらに，解放された人間性は「楽観に値しない」ことが証明されたと考える保守派の態度です。スローターダイクは加えて，「これ以降，人間の保守的なイメージがこれほど強く植えつけられたことはない」と述べています。「状況にかかわらず」人間は利己的かつ貪欲に行動すると決めつけ，人間を低く評価することで，規律や権威主義的傾向を正当化しています。

ルソーは同時代の人々をさらに挑発し，歴史の進歩は幻想であり，この時代の妄想的な優越感の産物であると主張しました。ルソーは文明を「空虚な社会的形態と行動の荒れ地」として再認識し，社会以前の自然の状態に戻ることでのみ，「文明の到来以降に加えられた人格を一掃できる」と結論づけました。ルソーが古代シニシズムと異なる点は，基本的原理としてこのように自然へ訴えていることです。第2章，第3章で論じたように，ディオゲネスは，傲慢と洗練に対する広範で即興的な批判の一環として，主に肉体的機能という自然に訴えました。ディオゲネスが「自然への回帰」を通して教えたのは，強い否定により社会をかき乱すことを狙った戦術的な行動です。古代シニシズムは，自然を哲学的な概念や規範的な理想に据えずに社会を批判しました。

対照的に，規範的な形で自然に訴えるルソーの姿勢は，シニック派の教えと違い広く理解され，教育哲学として機能しました。1762年に発表した教育論『エミール』は，教育の思想と実践に大きな影響を与えました。ルソーは自分の子どもを孤児養育院に捨てたことで非難されていましたが，彼の教育思想はあらゆる子どもたちに，「別の世界」に対するブルジョア*13的な希望を刷り込みました。スローターダイクいわく，血統に向けられた貴族の希望や野心（子どもはそれに関連して二次的な重要性をもつ）と違い，ブルジョアの野心は子どもに直接結びついており，親の愛情と個人的投資が時として有害に働きます。『エミール』はその後の**進歩的なシニシズム**の思想の柱として，私が唱える「現代の進歩的教育者と彼らの教育愛から生まれたシニシズム」（前述の現代の保守派のシニシズムとはまったく異なるもの）の形成に貢献しました。前述のリベラルでアカデミックなシニシズムと同様に，このシニシズムもその強烈なポジティブさにより描きづらいものです。このシニシズムは，教育が本質的な善良さに支えられ，そこに帰着できると考える人々と結びついています。ここでの現実的な課題は，子どもの

*13　ブルジョア：中産階級。

自由な成長を不条理に抑制し悪影響を及ぼす，技術文明のひどい策略を取り払うことです。このように教育を改善することで，子どもたちの経験のみならず政治面での改善も期待できることでしょう。より優れた進歩的な教育は，よりよい調和のとれた社会につながります。このような教育への期待は，教育の使命を基本的には疑わないという考えに依存しており，教育者や教育をなお信じている人々のシニシズムが根深く存在しています。教科書的な教育やパターナリズム*14の束縛から解放された教育は本来よいものである，という原理を主張すること，つまりは明言せずとも暗示することが，教育的救済の神話を永続させ，現代のトラウマに対処する教育者のポジティブながら二枚舌のシニシズムの起源となっているのです。問題は，このような教育者が，教師像やある種の教育的策略の必要性を完全に放棄しない限り，何らかの規律による統制が維持される点です。この状況で教育者が生徒を「悪い教育」の牢獄から解放しようとすれば，その教育的な「善意」を行使するためにどれだけの差別が行われるかを認めることになります。「あらゆる面から他人の粗探しを巧みにするが，常に純粋な意図だけを見い出す達人」というルソーが描くキャラクターは，これらの考えの発端となっています。

---

*14　パターナリズム：家父長主義。

教科書的な教育やパターナリズムの
束縛から解放された
教育は本来よいものである，
という原理を主張すること，
つまりは明言せずとも暗示することが，
教育的救済の神話を永続させ，
現代のトラウマに対処する
教育者のポジティブながら
二枚舌のシニシズムの起源と
なっているのです。

ディドロ

哲学者のMoi（私）と甥のLui（彼）との架空の対話を描いた『ラモーの甥』では，シニシズムがさらに再評価されています。同作は，有名な『百科全書』の編纂者でもあったドゥニ・ディドロが，1759年に『百科全書』が弾圧された後の「地下時代」に書いたものです。ディドロの深い幻滅と苦悩が表れた作品であるとされています。そのせいか，『ラモーの甥』では，古代と現代の両方のシニシズムが作用しているように見えます。登場人物の甥は，「18世紀半ばのパリの文人たちの虚飾と腐敗」を暴いていることから，シニック派的な役割を果たしています。その一方で，彼はその社会的背景を「既成事実」として受け入れ，「生存と利益のために，……できる限り自らを現実に適応させています」。これは，現代シニシズムへの移行を特徴づける二つの段階を表しています。「不完全な第一段階は，偽りの偽善的な社会を描写すること。重要な第二段階は，道徳的に純粋であることよりも共謀することで多くの利益を得ようとする戦術的な賭けです」。ここには，偽善が支える社会秩序を覆そうというシニック派の原動力がまったくありません。代わりに，非難の対象と同程度に自らも卑劣であるべきだという批判形態があります。前章で述べたように，この批判形態には前身がありました。この点において甥が特徴的なのは，「救いようがないほど腐敗していると暴露した文化そのものに，自ら意識的に加担している」と明言していることです。甥は，避けられない共犯関係に憤慨することも反発することもありません。むしろ，それを歓迎し肯定しています。実際，甥は「嘘つきでお世辞を言う裏切り者たちで構成された社会に，十分に加担できなかった」と自らを戒めています。シニック派の自由で勇敢な発言は，ラモーの甥にとっては単なる厚顔無恥な娯楽の一種でしかありません。さらに，甥が提供する娯楽や冗談は，非常に制限的なものです。ラモーの甥は，ディドロが言うように「人を惑わせ，震え上がらせる」存在でしたが，「許可がない限りは喋らないという条件で，……よい家にそっと入り込んで」いました。同作では，（文明的存在の虚飾に光を当てる狙いで）自然に従って生きるシニック派の訴えが繰り返されていますが，「自然」は今や生存を懸けた闘いとして再定義され，自分の住む社会の堕落した規範に自己利益のために従うことが推奨されています。ここでは，「貨幣を汚せ」というシニック派のマントラが，存在を支配する規範を覆すためではなく，少数の哲学者たちが押しつけた理想に反発するために唱えられています。この点について甥は，「世俗的で唯物論的な人間像」へ傾倒し，「人間の存在に超越的な地位や凛とした目的を与えること」を完全に拒否することで，啓蒙主義哲学の「屈折したパロディ」を提供しているとされています。甥はその考えをさらに追及し，最も還元的な唯物論を展開してこのように明言します。「最も重要なのは，毎晩，簡単に自由に気持ちよく大量に排便することです。糞がどんなに大切か！（O stercus pretiosum！） それが，人生のあらゆる領域における最終的な結果なのです」。甥のシニシズムは，あらゆるものは糞であると決めつけ，糞をすることに喜びを見い出したうえで，最終的に現状への執着を正当化します。しかしながら重要な点として，ラモーの甥は，スローターダイクが呈する疲弊した内気なシニシズムに浸っていません。彼は近世後期のシニックとは違い，自分の加担をオープンにしており，批評家として，長期にわたる闘争的な対立のエネルギーと欲求をもっています。

サド

フランスの貴族であり哲学者でもあるマルキ・ド・サド(サド侯爵)は，自由奔放な執筆活動や個人的活動で有名です。彼は「率直なシニック派」を「偽善の達人」に転換し，シニシズムに新たな再評価をもたらしたとされています。これは，サドが1795年に発表した『閨房《けいぼう》哲学』の登場人物，放蕩者ドルマンセに見ることができます。ドルマンセは教育者として，15歳のウージェニーに非道徳性と自由思想を教え，「うわべだけの道徳規範を見抜く」よう指南します。道徳，思いやり，謙虚さは，快楽の追求を妨げるものであり，捨て去るべきばかげた概念である，とドルマンセは説明します。私はほかでも述べていますが，サドの著作は実際うんざりするほど教育的です。同時に指導的でもあります。『閨房哲学』は，「放蕩者へ」という呼びかけで始まり，読者も教え子として参加するように誘われます。

「私たちはシニカルなドルマンセを研究し，彼に倣うべきだ」とサドは書いています。私たちはみだらな欲望の赴くままに旅をし，「自分の嗜好と気まぐれの領域を探って拡張し」，すべてを感覚に任せるのです。しかし，サドが最初に伝えたかった教訓は，完全に気ままな道楽ではなく，ドルマンセが偽善の達人である様です。ドルマンセは，生徒に多少の偽りの必要性を教えています。彼はウージェニーに既成概念への反発を促す一方で，自由思想を隠し通せるように騙しとごまかしのテクニックを伝授しています。これは結局，路上ではなく閨房（寝室）の哲学でした。

サドの作品のほかの箇所に登場する放蕩者たちは，寝室を越えて移動しています。サドのシニシズムは昔のシニシズムのパロディのようで，自然に従って生きようとするシニック派の教え*15は，放蕩者にとって，「フリーセックスを選択肢ではなく義務とする」社会規範となります。お互いに，そして自分自身を「楽しめ」という教え，つまり喜びや経験のあらゆる可能性を制限なく探求することが，サドの作品を支える論理です。そこにおいて放蕩者は，周りを犠牲にしてでも考えうるすべての肉体感覚の可能性を探求します。最終章で述べますが，楽しみを最大化するというこの教えは，現代シニシズムを支える抑圧的機能につながります。これは巧妙に隠された形で実践されま

---

*15　自然に従って生きようとするシニック派の教え：恥に関する道義的な力からの解放を目指すこと。

すが，快楽と破壊を抱き合わせるものです。

とはいえサドは，現代シニシズムの見方を提示しているだけではありません。また，シニック派哲学を単にゆがめているわけでもありません。シニック派哲学は，快楽を追求する哲学として長い間否定されてきましたが，実際は快楽の追求に支配されていなかったと反論されています。サドの作品は，明らかにシニック派的な活動を啓蒙主義へと拡張し，西洋の文化的枠組みを広げることで破壊し，そのグロテスクな性質を明らかにすることで批判の対象となるように仕向けています。次章で繰り返し出てくる言葉を先取りするならば，サドが描く最も完成された放蕩者は，自身の**ニヒリズム**を実現しています。彼らは，存在を高次の領域に関連づける西洋の形而上学の教えを踏襲しており，存在が一過性で埋没する下界を否定しています。啓蒙主義の唯物論は，この酔狂な視点が生み出した思想を克服できませんでした。そこには，私たちの世界である下界は上の世界に比べて無価値だという文化的偏見があり，サドはそれを大いに利用しています。彼は，「西洋の言語」の基盤となっているこの「現実の否定」(そして特に女性の否定)を限界まで押し進めます。その方法は，人々を形而上学的な判断基準がない限り何の価値もないものとして，もっと穏やかにいえば，独立した価値をもたないものとして，概念化した存在のように扱うことです。

サドは同じように，自己と他者を征服しようとする試みを誇

サドの作品は，
明らかにシニック派的な活動を
啓蒙主義へと拡張し，
西洋の文化的枠組みを
広げることで破壊し，
そのグロテスクな性質を
明らかにすることで
批判の対象となるように
仕向けています。

張することで，教育を破壊します。西洋の支配欲は，植民地支配という暴力やそれに伴う環境破壊のために非難されてきましたが，知的支配がその暴力に加担しているという批判はさほど一般的ではなく，よりデリケートに扱われています。対照的に，サドの描く暴力の根源的な形態や原動力には，知的支配が際立っています。ソクラテスから始まった知的攻撃の系譜は，サドのsocratiser《ソクラタイザー》（「ソクラタイズする」）という言葉で示され，これは肛門に指を突っ込む行為を意味します。これは単なる性愛的行為ではなく検査です。サドの教育技法への主な貢献の一つは，伝統的な口頭試問に肛門での検査を加えたことであると論じられていますが，これはおそらく，古代ギリシャにおける教育学と少年愛とのつながりを想起させるものでしょう。放蕩者はあらゆる手段を使って肉体に侵入し，必要とあれば肉体を切り裂き，はらわたを引きずり出して調べようとします（子どもを研究し，すでにそこにあるものから引き出そうとするとき，結局教育は何をしようとしているのでしょうか？）。冷静で理性的な知性は，それ自体が恐怖に対し，積極的に関与していることを認めます。実際，知性が永続させる恐怖は，その知性の自己発達に不可欠です。シモーヌ・ド・ボーヴォワールの見解によれば，サドが描く放蕩者は決して「自分の獣性に身を任せ」ません。彼の倒錯はあまりにも計画的で頭脳的であるため，「哲学的な言説は彼の情熱を削ぐどころか，媚薬のように作用します」。サドを介して，哲学と教育の荒々しい希望が実現され，「明晰な精神は，物質に分解されつつある肉体に宿る」ことがわかります。このスキームにおいて自制とは，自己卑下，体罰，身体的拘束といった従来の形をとらず，むしろ非常に肯定的な意味合いです。放蕩者の自制は,良心の働きを含むあらゆる慣習,規範，制限を打ち破ろうとすることで実現されます。慣習などは,放蕩者が権力欲を無制限に追求することを妨げるものです。肉体は抑制ではなく過剰な行為によって制することができます。とはいえ，その過剰な行為とはあくまで規律に則ったものです。確かに，自制の長い伝統を，抑圧のシステムとしてではなく，肉体を教育してその存在を形成しようとする試みのなかで，自身を構成する自己技術として考えるならば，放蕩者の自制は，逆転ではなく誇張と見ることができます。サドは，放蕩者が肉体的存在のあらゆる潜在的なゆがみを吐き出そうとする活動を明らかにしているにすぎません。放蕩者の支配は，探究を妨げるすべてのものを超え，放蕩者の知性が打算的な熱意をもってあらゆる恐怖の形の追求を可能にします。そしておそらく，現代のテクノクラティック（技術家的）な合理性の破壊的衝動に，知的作業が組み込まれることを先んじています。

サドの作品では，西洋の教育や哲学を支える「至高の支配」への意欲が，人類，神，自然の破壊という悲惨な結末へと突き進んでいる様を見てとれます。ここで暗示されているのは，もし好戦的な哲学としての古代シニシズムが一部残っているとすれば，それは発展し，支配欲がもたらす自滅的で世界を否定するような結果，そして他者や環境の支配と破壊を超えなくてはならないということです。古代シニック派の支配は，より大きな使命のために肉体を規制し形成しようとする君主の冷静な支配の形（これは西洋の教育を支配するやり方です）と比較されるかもしれません。また，それは，経験の否定ではなく肯定という支配の形を推奨しているとして擁護されるかもしれません。しかし，サドが明らかにしているように，支配は非常に肯定的な形であっても破壊的になり得ます。しかも，生成的にではありません。これは，どちらの形の支配も単純に否定するものではありません。参考までにいえば，この問題はサドの作品のなかで放蕩者が到達する終着点であり，放蕩者はそこで，自らを最後まで縛りつけているものは，支配の探求そのものであることを発見します。それを放棄することで，放蕩者は目的もなく絶え間なく進み，今日の教育者が認識し始めたであろう進むべき方向を予期するように放浪します。

第7章

終末の時代を生きる：現代シニックの多面性

ここでは，19世紀から20世紀にかけての現代シニシズムの発展の歴史を綴ることはできませんが，その起点を見ていきましょう。これまでの考察を踏まえて，まずは反啓蒙主義がもたらしたシニシズムの変容から考えます。エドマンド・バークをはじめとする代表的な活動家たちは，イギリス政府が金銭的援助をしていたフランス革命に反対するプロパガンダ戦争に参加していた人々とともに，シニック派的なルソーを攻撃して茶化しました。徹底的にルソーに迫ることで，彼らは結果的に，現代シニシズムのさらなる発展に貢献しました。バークは，啓蒙主義と呼ばれる抽象的な知性主義に反対し，無思慮な偏見やしきたりといった日常的な圧力に対処する，より実践的で実用的な方法を主張したことで有名です。歴史的に蓄積された慣習や習慣は，打ち壊さずに，その社会的有用性や安定性への貢献を評価すべきだとバークは主張しました。そして彼は，啓蒙主義が打ち壊そうとしていたものを復活させたのです。バークいわく，教育を受けていない大衆は，無思慮な慣習や習慣が既存の社会にとって社会的に保守的な価値があることに気づいていません。だからこそ，彼のような者がイギリスの「美徳」を明らかにすることでそれを守り，革命的扇動からのいかなる妨害も阻止する使命を担うべきだと考えます。イギリスの習慣やそれに付随する制度やヒエラルキーは，バークのような説得術をもつリベラルな紳士の穏やかな助言を必要とし，急進的で性急な改革から守られるべきだとされています。バークが「シニック」という言葉を用いることはないでしょうが，とはいえ現代の独特で**家父長的なシニシズム**の形を示していました。これは，政府の操作や制度的なケアの論理を支えるシニシズムの一形態であり，既存の傾向や習慣を操作することで世論を形成しようとする人々のシニシズムです。スピンドクター*16，メディア帝国，ソーシャルネットワーキングサイト，データアナリスト，政治家，PR会社，イメージコンサルタント，広告代理店，ライフスタイルコーチのシニシズムがこれに相当します。このような機関や職業人は，権力や資本の利益のみならず自分の利益も明らかに追求しており，その意味では，シニシズムの狭義の辞書的定義に従っています。しかし，それだけではありません。彼らのシニックなパターナリズムは，その活動が理解され正当化されるにつれて，より発展していきます。すなわち，彼らの活

*16　スピンドクター：戦略的な情報操作に長けた人。

動は，社会的・政治的な抽象的概念として構成された「大衆」に奉仕することで，あるいは膨大なライフハックやミーム，消費財で大衆の気を晴らすことで，彼らが操る人々にも利益をもたらします。搾取する大衆を助ける，自助努力を信用しない大衆を助けるという主張こそが，このシニシズムの根源です。

シニシズムへの批判

現代シニシズムの典型的な描写では，その家父長的または恩恵的な側面に焦点を当てていません。現代シニシズムの一般的なイメージはそれとは真逆で，個人の欠陥や社会病理として描かれています。社会病理とは，改善策とまではいかなくても早急な対応を必要とするものです。否定的な見解では，現代シニシズムは高い理想への疑念と，公的領域から私的領域への不満を抱えた退避として特徴づけられます。この退避は，肯定的評価を否定し，集団的な解決策や制度的な介入に不信感を抱き，社会的・政治的な改革に希望を託すことを拒み，社会的な行動や変革を求めるあらゆる声に選択的に耳を貸さない姿勢と結びついています。これらは無益であるとして真っ向から拒絶されています。

シニカルな態度を生み出す原因として，市民社会や社会的機関が非難される場合，それは，時折起こるグッドガバナンスの欠如や，内部告発者や熱心な報道機関が公表するさまざまな欠陥や失敗，スキャンダル，不正行為の影響のせいで，人々が必要以上にシニカルになっているからにすぎません。この観点から見ると，大衆シニシズムの愚かさは，よい統治と悪い統治を区別できないことに起因しています。大衆シニシズムとは，不合理に誇張された失望の状態であり，不十分な個々の問題や制度的な欠陥，腐敗に対する幼稚な反応です。偏った反応を示してきた現代のシニックは，自らに見切りをつけ，失望をシニカルな決意に変換し，あらゆる機関や制度を必然的に欠陥のあるものとして無視しようとします。彼らは，何もできないあるいは努力しても結局は無駄になると判断し，個人の責任を放棄し，政治的な無関心に徹し，それによって自身が不満を抱くすべてのものをさらに腐敗させていきます。

このシニシズムに対して想定される解決策は，民主主義社会の制度を回復して，再び市民に適切に奉仕，提供，ケアできるようにすることです。そして，多くの場合不当に，あるいは少なくともあまりにも無条件に失われたしかるべき敬意を取り戻し，信頼を回復し，コミュニティを癒し，社会的・政治的生活の意味と目的を取り戻し，その意味が依存する公的領域を再構築することです。回復への道のりは長く険しいですが，それをあきらめるにはリスクが高すぎます。現代シニシズムは，長期にわたる治療を必要とする個人的・対人的な伝染病としてアプローチされます。この回復プロセスを成功させるためには，適切な支援と資源が欠かせません。そのためには，反シニシズムの立場をとる教育を受けた批評家や作家の存在，彼らの知的な不屈の精神，時間，資源，そして善意が必要です。反シニシズムの本も失望を表現しているかもしれませんが，現代のシニックの幼稚で過剰な失望とは対照的に教育を受けた批評家の不満が描かれています。批評家は，自分のイメージ通りに考えない民衆に失望し，集団的な怒りをもって反応しない人々や，社会評論家が義憤を感じて訴える不正の力に向かって，立ち上がろうとしない人々を嘆きます。このシニシズムの典型的な診断名，すなわちそれがもたらす結果は，集団的無関心です。批評家たちは，シニシズムに必要なことはこれまでと同様，彼らが批判的な洞察，慎重な診断，ビジョンに基づいたミッション・ステートメント，耳を傾ける理性，楽観主義の明言などを実践，提供することだと結論づけています。彼らは，現代のシニックの問題点は政治的想像力の欠如であると指摘します。また，解説者は，主流文化全般において知性と想像力が欠如していると指摘し，独自の提案をしています。彼らの主張によれば，このシニシズムは，型通りの陳腐な相互作用が働いており，自動的に軽蔑を促して不信感を製造する習慣的な視点と世界観をもち，それによって自らの存続を自己強化的に予言します。社会病として不当にネガティブな状態に陥っている人々を救うためには，とりわけ希望を注入する必要があります。このネガティブさは政治や役人に対する信頼を失わせます。政治や公務員は権力への意志によって動かされ，個人的な出世を優先して公共の利益へのコミットメントを放棄していると，シニックは不当に強く思い込んでいます。この疲弊したシニシズムは，すべての行動は一見崇高であっても身勝手な動機によるものだと解釈します。この視点から見れば，民主的に選ばれた政治家は，政治よりも選挙での勝利に関心があり，専門家はキャリアアップに関心があり，企業は公共サービスよりも利益と訴訟からの保護に関心があります。しかし，このような思い込みにはすべて反論しなければなりません。

　このシニシズムは，危険で自己否定的かつ破滅的なまでの社会に対する不信の表れであり，社会を向上させるあらゆる努力を，無思慮かつ独断的に拒絶するものだとされています。それは，個人や組織は何よりも利己的な衝動や生来の飽くなき欲に駆られているため信頼できない，と全面的に思い込む人々の状態です。シニックが及ぼす悪影響を非難する人々は，シニックが自らの蔑んだ世界観を周囲に伝搬させる罪を犯していると訴えています。この観点からすると，物事の真相を見抜いていると主張するシニックの心理的・社会的リアリズムは，実際には彼ら自身の卑屈な身勝手さと道徳的な窮乏化の表れにすぎません。悩めるシニックは，自らの悲観的な将来への展望を過度に一般化して，まだ人間の可能性への希望をすべて失っていない人々にまで影響を及ぼします。さらに，現代シニシズムは，ほかの人々も自分と同じようにシニカルであるという思い込みが蔓延している痛ましい状態であり，シニックは世界の状況についての自己強化的な思い込みのなかに封印されています。このように描かれた現代シニシズムは，不満や政治的無関心，文化的衰退から，啓蒙主義の理想に対する著しい不信，自由民主主義の内部的弱体化まで，多くの悪の根源とされています。また文化現象においても，政治的実体の制度や文化的価値観に対するコミットメントの全般的な欠如，「ポスト真実の」政治現象を生み出す真実の主張，専門知識，権威に対する全面的に懐疑的な態度と疑念の原因として非難されています。

前述，後述のものを含め，それぞれの批判は慎重に持論を展開しているものの，常に他者に付随している「シニック」という言葉の軽蔑的な使用に賛同している，あるいは少なくとも関与しています。「シニック」という言葉は，状態に対する他者の失望を表現するために，アイロニーを含ませずに用いられます。このシニシズムは，政治的に悪影響を及ぼすものとして非難されています。たとえば，公益への責任に裏打ちされているはずの共同努力や共同体構想へのコミットメントの欠如，逆境に直面したときにすぐにあきらめてしまう傾向，状況を生き延びながらも何も返さない利己的な決意など，要するに必然的に政治的・社会的災害につながる悪の集合体です。

このような数々の非難には注目すべき点が多々ありますが，このシニシズム批判の全体的な枠組みには問題があります。先ほどの議論を続けると，シニシズムに不満があり本を執筆する人々は，シニシズムの裏には否認されていた家父長的な面があることを伝えているのかもしれません。シニシズムへの批判は，

シニシズムに不満があり本を
執筆する人々は，
シニシズムの裏には
否認されていた家父長的な面が
あることを伝えているのかも
しれません。

シニシズムの危険性を訴える人の道徳的な真剣さと社会的な必要性を大いに正当化するものとして機能しています。そしてこれらは，社会評論家，学術専門家，メディアのコラムニスト，福祉の専門家，政治的キャリア主義者などの熟達した道徳的な介入，およびその制度的な力なしには，自らを律することができないと思われる民衆への疑念に基づいています。近年，アメリカンドリームの崩壊を明らかに招く，対人関係へ悪影響を及ぼすなど，シニシズムに対する不満が大衆紙や学術誌にあふれていることからも，現代シニシズムを批判することは魅力的で自己肯定感を生むことがわかります。シニシズムは，ジャーナリストを無関心と闘わせ，教育から希望と信頼性を奪い，犯罪的な戦争の挑発や国際的な法規範の無視を助長し，家族やコミュニティを引き裂き，よりよい未来を否定する「厄介者」，すなわち巨悪なのです。要するに，シニシズムを非難する傾向は，シニシズムが蔓延するなかで弱体化していくとされる制度から人々の目を逸らすことができるのです。

極左勢力の不満

進歩主義者やリベラルヒューマニストや保守派ではなく，極左勢力に焦点を当てて不満の声をさらに集めてみると，政治的な利害関係が調整されているにもかかわらず，現代シニシズムが政治的な麻酔効果をもつとして，再び非難されていることは特筆すべきです。大衆シニシズムは，大衆（資本主義に搾取されている集団）に「悪い感情」を浸透させ，資本主義の気まぐれの影響を受けやすくするとして非難されています。このシニシズムは，個人的な欠陥として概念化されたものではなく，あるいはそれに加えて資本によって組織的に生み出されたものです。最近の説によれば，それは多かれ少なかれ，後期資本主義者による搾取によって直接的にもたらされたものと理解されています。そして，「資本により広く普及し，ウイルス的に生活を腐敗させるシステム*[17]」の産物として理解されています。権力のシステムが極端に普及して日常生活に浸透し，人間を侵食するかのような陰湿な存在としてあらゆる場所に現れるなかで，人々は足掛かりを見つけられずに自分自身とうまくやっていけなくなります。権力はもはや支配的な制度に単に集中しているのではなく，「情報と金融の広大なネットワークを介して」分散しており，容易に識別も攻撃もできない状況です。シニシズムの原因を把握して大衆動員で対抗しない限り，人々はほぼ必然的に集団的な運命論，絶望，無関心の状態に陥ってしまうでしょう。シニカルではない希望に満ちた集団行動によって，未来を変え，資本による生活の支配に対抗する手段がまだあることを証明する活動が必要です。最も厳しい観点から見れば，今日のシニックの「あざけるような笑い」は最終的にファシズムと結束する可能性があるため，これ以上ない危険性を秘めて

*[17] ウイルス的に生活を腐敗させるシステム：将来性を消し去り，生産的行動の主体であり媒体であるものに再コード化すること。

います。現代シニシズムの広範さがこの問題の一つです。現代シニシズムは，「無知な無関心や不満による失望から，情報に基づいた冷淡さまで」幅広いですが，いずれにせよポジティブな要素はほとんど，あるいはまったくありません。この観点から，構造的な力の産物である大衆のシニシズムは，救済策に従いさえすればその「愚かさ」を許されるのかもしれません。

一部の人々にとって，「左翼」のポストモダン理論で流行しているシニシズムは容赦しがたいものです。このシニシズムは，あらゆる真実の主張に懐疑を招き，理性の命令や進歩的な衝動に世界を従わせる力を疑っているとして非難されています。この状況では，「シニシズム」はポストモダニズムと同義語であり，「堕落した文化的形態，怪物のような混合した美学，退廃的で身勝手な政治的無関心，エリート主義のアイロニカルなニヒリズム」と解釈されています。ポストモダニズムは基本的にシニカルなものとして特徴づけられていますが，「スローターダイクが表す啓蒙主義が生んだメランコリックな犠牲者のようにシニカルに苦しむのではなく，認知的，美的，道徳的な確実性に対して悪質な攻撃をする，シニカルで破壊的な加害者」です。私の考えでは，この種の「シニシズム」を非難する人々は，その性質や意図を誤解し，その影響範囲や影響力を実に過大評価している傾向があります。とはいえ，このような「ポストモダン」理論の批判者には，共感の声が寄せられるでしょう。この「シニシズム」への非難は，ヘゲモニー（覇権主義）の，一見したところ反ヘゲモニーの思想が，吸収できないものを排除することを正当化する一つの手段です。このいわゆる知的シニシズムは，フランスの戦後哲学と密接に関連していることが多く，失敗して失望した「革命家」の産物として否定されています。彼らは，過激な集団行動を断念した理由を正当化することに残りの人生を費やしています。フランスの文化理論家であるジャン・ボードリヤール[*18]は，シニカルな「左翼」理論の「緊張病的」影響の典型として挙げられています。また，ミシェル・フーコーは，「系図学者のシニカルなまなざし」を取り入れたことで非難されています。しかし，ポストモダンの思想が学問の世界に「忍び寄っている」ことを完全に把握するには，個々の例では不十分だといわれています。その批判者たちは，これが「歴史の大きな弁証法的動きにおいて，一時的で反動的な『ささいな』不合理」であるよう望んでいます。私たちはいつの日かこの時代をこう振り返るかもしれません。ポストモダンの疑念によって開かれた空間を，学者たちが「徹底的に理論化することで」乗っ取った時代。「合理的かつ政治的中枢の本質的に一時的な失敗」に悩まされた時代。「英雄的な」政治への復帰によってまもなく打ち破られ，本質的に対立する試みとして理解され受け入れられるだろう退避（無活動の言い訳ではなく「虚勢と高度な技術」を必要とするもの）に悩まされた時代，といった

*18　ジャン・ボードリヤール：フランスの哲学者であり，ポストモダンの代表的な思想家。現実とそのシミュレーションは区別不能であるという研究で有名な人物。

ように……。

シニシズムに対する極左勢力の不満は，保守派やリベラル派の不満と同じくらい痛烈です。視点の重要な違いはありますが，全体的に，民主的な社会性と政治的関与の新しい形を推進することで，政治の危機に立ち向かうべきだという幅広いコンセンサスがあります。以前の激しい非難の結果，現代シニシズムがその政治活動において果たしうる役割は排除されています。しかし，現代シニシズムは，単に資本主義社会の特徴ではなく，また，民主的社会性の危機の産物でもありません。最近の歴史研究でも指摘されているように，現代シニシズムはかなりの時間をかけて形成されています。

後期ソ連のシニシズム

シニシズムは社会的変革にプラスに作用しない，という大前提から脱却するために，アレクセイ・ユルチャックによるソ連最後の世代に関する研究に注目しましょう。彼は同研究のなかで，「後期社会主義のシニカルな理性」というものを解明しました。ソ連のイデオロギーは，この世代にとってはなお「不変的かつ偏在的なもの」として実践されてきましたが，同時に無関心が広がっていたとユルチャックは主張しています。ソ連のイデオロギーの成功は，少なくとも末期においては特にそのイデオロギーを信じる民衆の広範な支持を確保できるかどうかに依存しておらず，民衆が信じていようがいなかろうが関係のない話でした。後期ソ連のイデオロギーが覇権を握ったのは，民衆を騙してそれを「真実」として受け入れさせる力があったからではありません。市民にゆがんだ世界観への「同意」を促す力があったわけでもありません。むしろ，ソ連の政治秩序が終焉を迎えるだろうとは，ほぼだれも想像していなかったことが政治の安定につながっていました。当時の西洋の資本主義社会の経験と同様に，存続することが当然であると思われていたのです。その結果，制度的，政治的，社会的な儀式は，それらが信じられていない場所でも実践されます。一方，西洋との重要な違いもあります。西洋の遂行性は，「民主的」な制度的枠組みのなかで展開されており，市民は，自分たちの政治参加がどんなに些細であっても，何らかの価値や重要性をもつという考えを「信じる」ことができます。さらに，このような民主的枠組みの特徴として，多様性が生産性をもたらすものとして明らかに受け入れられ，頼りにされています。一方ソ連では，公式見解は完全なる一枚岩であり，時折現れるイデオロギー信奉者を除いて，自分がそこに参加することに意味があると考える者はほとんどいませんでした。このような理由から，ソ連のイデオロギーは権力への関心がほぼ欠如しているという点で，より高度なシニシズムを伴っていたと考えられます。このシニシズムは，ソ連社会の儀式にまったく意義を見い出せずに参加している人々の態度に表れていました。それを象徴する次のような回想があります。「パレードのとき，スローガンの書かれた政府の看板や横断幕を読まずに掲げていたり，政治局員の肖像画をだれだかわからずに持っていたりすることも珍しくありませんでした」。信念とコミットメントは，ほぼものまねにすぎず，不誠実な遵守は，増長していく非公式な領域でのシニカルな嘲笑とアイロニックな無関心と折り合いをつけて自動化されていました。

　ユルチャックは，この類似した存在のなかに，独特のシニカルなユーモアが定着したと主張しています。政治的なジョークや逸話をお決まりのようによどみなく言ってのけ共有することが，プライベートでは当たり前になりました。このようなユーモアは，シニカルな主観性がソ連の公的なイデオロギーから離れつつあることを示す，距離の表れとして理解できます。しかし同時に，もはや笑いが権力を直接傷つけられなくなったことの表れとも理解できます。笑いや嘲笑，批判は，自らの虚偽によって反射的に和らげるほど堕落した政府命令を揺るがすことはできません。それゆえ，ウィットや嘲笑が官僚社会と直接やり合うことはありませんでした。というのも，官僚のシンボルはすでに偽物になっており，ほとんど批判に値しない程に捏造されていたからです。後期社会主義者のシニシズムは，公的領域を転覆させるためのあらゆる投資を放棄し，ただのおとなしい破壊分子として存在しました。その転覆活動は，自己意識的に変革を意図したものではなく，公然と権力を標的にしたものでもありませんでした。これは，便宜と生存のためのシニシズムであり，シニックが政府の公式表明に積極的な関心をもたない限り，全体主義社会において安全で楽しい生活を送ることができるという発見に基づいていました。しかし，このシニシズムは，政府のスローガンを完全に無視し，わざわざ対立しようとも深く考えようともしなかったため，結果的にソ連の社会秩序の崩壊に加担しました。ソ連の人々は，「『実際にその場にいなくても』イデオロギーの実践に参加する方法」を学びました。ソビエトの最後の世代は，そのなかの一人が主張していたように，「公的領域に精神的に関与しない」という極めて高いレベルの実践をしていました。それは，「公的秩序をさほど気に留めず，そのなかで，あるいはそれに反してパラレルカルチャーを生み出すための高度な戦略を展開した」ということです。このようなシニックによる無視が，最終的にソ連のシステム「内部の『静かな』危機と侵食」をもたらしたとされています。後期社会主義のシニシズムは，その劇的な崩壊を静かに先取りし，準備していたのです。

スローターダイクの批判

現代シニシズムを論じるうえで，最も有用で示唆に富むのは，スローターダイクの『シニカル理性批判』(1983年，邦訳：1996年，ミネルヴァ書房)でしょう。スローターダイクの著書では，大衆のシニシズムの「様相」，つまり表面的な特徴を継続的に分析し，そのシニシズムがなかなか消失しない理由を説明しています。スローターダイクの批判は，少数の「左翼」理論家の主たる基準点となっていますが，義務的な補足説明以上に介入することはほとんどありません。ここでスローターダイクは，大衆のシニシズムを「啓発された偽りの意識」と表現したことで最も名を上げました。さらにいえば，同書は，後に続くシニシズム批判，特に保守派やリベラル派の批判には登場しないか，したとしても薄い存在です。現代シニシズムについて，これまでで最も洗練された知的で野心的な研究が行われていますが，学術的な著作に求められる真面目さや厳密さに欠けており，その結果，「二流であるとも言い切れないものに向けられる，お決まりの学術的な嫌疑」にかけられています。同書の形式と全体的な主張は，大多数の批評家やシニシズムを嘆く人々にとってはややスキャンダラスすぎるように見え，スローターダイクが提案する救済策に真剣に耳を傾けるのはごく少数です。スローターダイクは，現代のシニックの「反射的に和らげられる」ネガティブさよりも，古代のシニックの横柄で無礼な行動を好み，古代のシニックの厚顔無恥な態度の復活を主張しています。スローターダイクは，明らかに破壊的な力を保持している対象から，武器を取り上げようとしています。「主観性と武装化の正体は，現代化へのピークにおいてのみ明らかになる」とスローターダイクは主張します。その正体とは，後期近代の主観性と武装化の密なつながりであり，「世界規模の破壊を現実的なものに」します。この破壊的な仕組みは，今日トランプ氏のホワイトハウスでのツイートではっきりと浮き彫りにされていますが，本質的に暴力的な主観性による日常的なミクロの攻撃にも表れています。スローターダイクが提案する解決策は，シニック派の厚顔無恥な態度です。それは主観性の変革を提案する基礎となるものであり，復活した古代シニシズムは，世界を破壊する暴力的なエゴを笑いによって和らげることができます。スローターダイクの著書の形式は，立派な学術的規範をもてあそび，読者にいたずらを仕掛けるという点で，まさにシニック派の議論を手本にしています。鋭い読者の一人が指摘したように，スローターダイクが案内する「現代のシニックをめぐる駆け足の旅は，私たちを息切れさせ，何かにしがみつかせます」。スローターダイクの思考は，あまりにも多くのあり得ない関連づけを行い，しかもそのペースが速いため，読者はついていくのに必死です。そしてズバリ的を射ている指摘として，「スローターダイクは，私たちが彼のごった煮のような思考に頭を掻き，当惑しながらついていき，最後には大爆笑してしまう姿を想像しているのではないかと思う」というものがあります。とはいえ，シニシズム批判者としてのスローターダイクの異質性は誇張されるべきではありません。『シニカル理性批判』にはぶしつけな提案はありますが，現代シニシズムを嘆かわしいものとする点では，その他すべての批判（ユルチャックの批判を除く）と一致しています。

反乱の可能性

本書は，現代シニシズムを非難したり克服したりしようとするこれまでの立場とは異なり，現代シニシズムがもつ反乱の可能性に注目し，激化の可能性を探っていきます。これは単なる誇張ではなく，現代シニシズムの最もありふれた，しかし危険な特徴を取り入れ，試し，変化させようとする試みです。この研究は，多くの読者にとって耐えがたいとはいわないまでも無謀に映るかもしれず，当然警戒されるでしょう。シニシズムは，積極的に行われている「本物」の政治がいつまでも結論に至らないことに幻滅しいらだっている大衆を，「すでに権力と権威を誇示している人々をより保守的に受け入れる」方向へと導く可能性があることに変わりはありません。現代シニシズムには，確かに腐食作用があります。しかし全体としては，よく恐れられているほど壊滅的な危険性はなく，社会的現実を構成する「イデオロギー的空想の基本的なレベル」にはかかわらない傾向があります。イデオロギーは，最も欺瞞的な形でシニックにつきまといます。啓発されたシニックは，自身がイデオロギーの操作に精通していると思い，その知識でもってイデオロギーの支配から十分に逃れられると信じています。これは確かに，「シニックは，自分が何をしているかわかっていながら，なおも続ける」という現代シニシズムの重要な特徴を示しているのかもしれません。とはいえ，シニックが権力に加担することは避けられません。時として，現代シニシズムの態度は，道徳的な幻滅や政治的不満に裏打ちされた，現代性の理想と約束，制度や教育などに対する不信感として，壊滅的な力で表現されます。このような猛烈な不信感は，現在の秩序を打ち破ろうとする革命的な政治に利用できるかもしれません。

現代シニシズムに関するこの議論において，私のアプローチでは，現代シニシズムが民主的な社会性を基本的に破壊するとは考えず，道徳的にも拒絶しません。シニシズムによる私たちの集団的苦悩を，治療を必要とする個人的な不調と文化的な不安感の間にあるものとして理解します。上述のように，このような認識は，社会問題として構成されたシニシズムに対する一般的な理解の枠組みであり，その腐食作用に対する目立った批判の根拠となっています。また，私のアプローチは，現代シニシズムに有用な批判的性質が潜在すると考えるリベラルな思想家の試み（比較的稀だがそれなりに注目すべきもの）も回避します。シニシズムを絶対的にではなく戦略的に取り入れることで，民主主義の当事者が進歩的な変化を求めて努力するなかで「常に妥協的かつ不純な政治領域」を生き抜くことができるとされています。シニシズムは，「民主主義生活の継続的で健全な機能を完全に受け入れるやり方」で，善なるものによって「管理して動かす」ことができるはずです。節度あるシニシズムを少々取り入れることで，開放性や言論の自由の文化を守り，民主主義の推進に必要な社会的・政治的な一種の警戒心を促せるかもしれません。しかし本書は，そのような抑制された計画的なシニシズムを支持しません。また，現代のシニシズムの形を学術的に解剖し，一枚岩ではなく多面的な現象として大衆のシニシズムを描くことで理解を複雑にするようなこともしません。さらに，その複雑さのせいで最終的な判断を保留するような学術的スタイルをとりません。このようなアプローチは学界では一般的であり，判断を保留すること自体が知的洗練性の指標となります。私はむしろ，現代シニシズムのスキャンダラスな可能性（「最も低レベルで」窮乏化した形とされている）について考えたいと思います。それは，古代シニシズムのスタイルで，否定されながらも文化的に定着している現象の優勢な特徴は，その採択および積極的かつ戦術的な適応において注目されています。これは，現代シニシズムのより危険な属性を選択的に変容させ，不正，操作，偽善を前にした政治的な無気力と無活動の言い訳として存在する現在の立場から脱却することを意味します。このテーマを展開するためには，これまで描かれてきた歴史的な物語に立ち返り，19世紀後半にフリードリヒ・ニーチェがシニック派の思想を取り上げたことを考える必要があります。いったん切り替えて，この重要な視点に戻ってみましょう。

ニーチェ，ニヒリズム，不完全なシニック派

シニシズムというテーマは19世紀を通じて繰り返し登場し，「身勝手な厭世家や，道徳規範に対する不信感，懐疑，無関心

を表す代名詞」となっています。ニーチェがこの思想を取り上げ，従来の道徳規範に対する反発を肯定し，次のように明言したのは当然のことかもしれません。「私の著作ほど誇り高く優れた本はない。これらは，この世で実現しうる最高のもの，すなわちシニシズムを至るところで実現している」。ニーチェの古代シニシズム批評における取り組みと貢献は複雑です。ニーチェの不遜で遊び心のあるスタイルは，彼が深く学んだシニシズムに負うところが大きいといわれています。おそらくニーチェは，文化規範に対する徹底的な批判は，それ自体の深刻さによって苦しむ必要はなく，世界を否定する悲観主義に向かう必要もなく，むしろ「強さをもつ悲観主義」，疑うことが存在の肯定につながるという教訓を，シニック派から得たのでしょう。また，ニーチェはそのシニシズムから，自分の周りの環境を臆することなく馴れ合わずに批判することによってのみ，別の生活の可能性を垣間見ることができるという着想を得たのかもしれません。以下では，ニーチェがディオゲネスとランタンの逸話をどのように応用したかを考察していきます。ラエルティオスの『ギリシア哲学者列伝』にあるもともとの逸話では，ディオゲネスが白昼にランタンを持って歩き回り，「私は人間を探している」と言います。ディオゲネスは周囲の人間をだれ一人「人間」として認めていないというジョークです。『喜ばしき知恵』に類似する話があり，ランタンを持った狂人が「私は神を探し求めている！　私は神を探し求めている！」としきりに叫びます。周囲の人々は彼を嘲笑し，「道にでも迷ったのか？」と冗談めかして尋ねます。それに対し狂人はこう答えます。「神はどこにいるのか？……私はあなたたちに言います。私たち，そう，私とあなたたちが神を殺したのです。私たち全員が神を殺したのです」。「あなたたちは神の腐敗の匂いを感じないのですか？　神であれ腐敗するのです」と彼は続けます。しかし，集まった人々はだれも，自分がしたことの重大さを理解する力も意欲もなく，実際に理解していないように見受けられます。

この有名な一節には，ハイデッガーいわく「2000年にわたる西洋史の運命」に対する批判が凝縮されています。これは，西洋の形而上学が部分的にせよ最終的に崩壊することによってもたらされる，存在論による混乱を探求するものです。この混乱は，啓蒙主義者が，理性を外部的な正当化の力に訴えて確立するのではなく，「人間」に据えようとしたことで起こりました。しかしもちろん，人間はどこにも見つかりませんでした（この手のジョークはいつの時代も存在します）。それゆえ，世俗的な領域をより完全に占有し，そこに自らの努力を根づかせようとする啓蒙主義の試みは，独立性を主張するにもかかわらず，近代以前の制度の仕組みを頼るしかなく，それを利用・拡大していきました。たとえば，現代の学校はキリスト教の牧歌的な制度的論理から導き出され，それを基盤としています。この論理は，「教義上の縛りを解き」世俗的な状況への移行を可能にしました。しかし，重要な違いは正当化の仕方にあります。キリスト教会のようにしっかりと現実に根づいた存在は，長い間地上における対象者の存在を理解し，構造化するために用いられてきましたが，その代表者たちはより高い目的に向かって発言しました。その目的は,第一原理から導かれたものではなく，別の領域から得られたものです。神の死とは，この枠組みが崩壊したときに起こる正当化の危機を意味しており，西洋の主観性は基本的に形而上学の外側から考えられないことがやがて明らかになります。何が真実で，何が公正で，何が意味のあることなのか，表明の物差しとなる外部の基準なしにどうやって決めることができるのか，とこのテーマは問いかけています。ある主張には，古代シニック派が，この形而上学的な枠にはめられた視点に対し，まさにその始まりの時点で異議を唱えようとしたとあります。たとえば，シニック派の実践の意味をそのテロスに関連づけて説明することを拒む，あるいはシニック派哲学を正当化の枠組みに収めるのではなく，状況に応じて即興的に行うといった具合です。とはいえ，西洋の形而上学の判断的な理に適うシステムを拒否したシニック派のその後の歴史は，そこから逃れることがいかに難しいかを示しています。だからこそ，シニック派の戦いは，シニック派の実践を目的のために包含し吸収していく西洋文明の進歩に対抗して，存在を別の生活へ移すために継続されているのです。シニシズムが2000年以上にわたる調整と再評価の間にさまざまな形で吸収されてきたことを考えれば，その啓蒙主義の継承者たち，いわば「自ら招いた助言」から逃れようとした人々が，古代シニシズムがかつて異議を唱えた正当化のシステムの崩壊に対処する準備がまったくできていないことに気づいたのも不思議ではありません。無神論者であるニーチェでさえも，大きな神の権威を失ったことを受け入れていないと主張しています。おそらく，ふざけたように無関心で，不用意に懐疑的な現代のシニックだけがあと一歩のところまできています。多くの人は，何か外部の枠組みや，そのほかのものに訴えなければ，自分の存在を理解することができません。ニーチェが言う「意味と価値を共有する源」の候補となるものは一つもない状態が続いていますが，代替物や代役は常に想定されています。「私たちの生活形態は，そのような神に身をゆだねることができないように変わってしまいました」。その代わりに，近世後期の人々は気だるそうに，コンセンサスがとれていないまま，理性，自由，実用性といった代替物の間を行ったり来たりしています。さらに悪いことに，深掘りに耐えられないような非常に退屈でジェスチャー的な組織の「ミッション・ステートメント」に口先だけで賛同しています。この落ち着かない状態が，私たちのニヒリズムを構成しているとニーチェは主張します。彼の言うニヒリストとは，「あるがままの世界をあるべきでないと判断し，あるべき世界を存在しないと判断する」者です。ここでいうニヒリズムとは，私たちが逃れようともがく不満の形を表しています。それは，不満を言いつつ状況を改善する手段をもたない人々の状態であり，最も希望に満ちた「理想主義者」を悩ませる文化的に生み出された病です。また，最も落胆したシニックを条件づけるものでもあります。実際それは，一つのものとほかのものを結びつけます。

ここで，ニーチェのニヒリズム批判は，同時代のシニシズムを西洋の主観性が出現した頃から潜在していた必然的な文化現象として理解するための，最も有効な説明的枠組みの一つとなるでしょう。それは，「神の死」の結果や宇宙的な理性，すなわち人間を超える存在の秩序のなかでの自分の居場所の感覚を放棄した現代の正当化の形へシフトした結果に，適応しない，あるいは認めない葛藤のある憂うつな状態として評価，理解できます。再度ニーチェの言葉をここに引用します。「この途方もない出来事はまだ過渡期にあり，まだ人間の耳には入っていない」。宇宙のなかでの自分の居場所についての理解が現代的なものに切り替わったことでもたらされた，存在論的な激変の全容を，私たちはまだ理解していないのです。曖昧な空白期間に君臨するのが現代シニシズムです。それは，喪失を受け入れられなかったこと，何かが失われたと実感できなかったこと，あるいは，失ったことを認識できたとしても，喪失対象の何が失われたのかを正確に理解できなかったことから生まれました。これは，類推すれば，哀悼できていない状態，フロイトの言葉を借りればメランコリックな状態として理解できます。うまく弔《とむら》えていない状態，つまり，喪失対象を正しく弔うために，その喪失のトラウマに直面しなければならない状態として理解されるうつ病に，シニックはとらわれています。このように苦しんでいる状態では，「喪失対象の存在が心のなかに残り続けます」が，その存在に気づくのは容易ではありません。それは，シニックがもはや信じられないと主張する物事への否定的愛着として残ります。このようなメランコリックな状態は，非常に強力で対処が難しいものです。というのも，漠然としか理解できない喪失を完全に受け入れることは不可能だからです。このように苦しい状態にある現代シニシズムは，抽象的ながら完全に衰弱を招く失望感のなかに留まり，その根本原因を特定することも超えることもできません。しかし，この失望の状態は，シニシズムがメランコリックな閉塞感から抜け出し，まだ十分に対応できない根底にあるトラウマに立ち向かえるよう，人々が協力し，理解し，発展させようとするものでもあります。

シニシズムと同様，記述用語である「ニヒリズム」も主に軽蔑的な意味で使われており，実際この二つは一括りにされています。「ニヒリズムに似たシニシズムは，個人や国家があらゆる道徳的価値を放棄し，知的・倫理的にふさぎ込んでいる腐った海に溺れるように仕向けます」。ニヒリズムが有意義に討論されるためには，シニシズムと同様に，ある程度概念が確立される必要があります。ニヒリズムは一般的に，「人生は無意味で，真実は何一つない」という信念と関連しています。このように，ニヒリズムは社会秩序を侵食する危険な病であり，何一つ満たさず，あるのは自らの衰退した展望だけ，というイメージで捉えられています。しかし，このようなニヒリズムの描写はあまりに独断的かつ否定的であり，非常に複雑な正当化の危機を，断定的なネガティブさの不合理な状態に落とし込んでしまいます。ニヒリズムが日常の行動にどのように表れているかを深く理解するには，このような概念を取り払わなければなりません。

ニヒリズムは完全に窮地に陥っているわけでも，ネガティブさで成り立っているわけでもありません。教育を例にとると，教育現場で働く人々のほとんどは，口語的な意味でニヒリストではありません。というのも，ニヒリストは教育には道徳的，解放的，あるいは単に道具的，実用的な目的があるという考えを完全に放棄しているからです。教育現場で働くためには，どのような形でその思想をもっていようとも，教育に対する信念をうわべだけでも保っている必要があります。教育機関は，さまざまなネガティブ要素が生まれる場所です（落第生を生み出すシステム，教育の最終目的や組織原理が不明瞭な環境下で，不安を抱えながら共存する職員，生徒，管理者，経営者の不満など）。しかし，それらの悲嘆はすべて，教育が重要かつ必要であるという考えを乱さない前提に基づいています。そのような場所では，ネガティブな感情が暴走します。しかし，それは絶対的なものではなく，教育というものを壊滅させるものでもありません。ネガティブな感情を抱いても，より教育的になることで常に改善が期待できるという考えに根づく教育的空間の根底にあるコミットメントが脅かされることはありません。教育に対するあらゆる不満は，教育の問題を先送りするだけであり，より多くのよりよい教育こそが，教育の失敗に対する唯一の想定できる解決策です。現代の教育は，「どうでもいい」とあきらめる従来の意味でのニヒリズムではありません。そのニヒリズムは，教育は立て直されるべきだという要求と共存していますが，それは決して意図して叶うわけではなく，今後も難しいでしょう。ニーチェいわく，現在の教育に悩む人々は，「どんな現実にも邪魔されず，何を実現されても消えない希望，つまり『はるか彼方』への希望に支えられて」います。教育の場合，この「彼方」にはさまざまな形があります。たとえば，達成，啓発，正義といった教育上の約束は，維持され，前提とされ，再主張されますが，決して実現には至りません。これこそがそのニヒリズムであり，同時にシニシズムの原因ともなります。そのシニシズムは，教育を立て直そうと何度も失敗を繰り返す教育者の不屈の試みの結果として生まれます。成功を概念化するために失敗を必要とするシステムが生んだ落第生は，非生産的かつ閉鎖的で，無分別なシニシズムを生む無限の源となります。このシニシズムは，教育による向上を目指す「非シニシズム的」なコミットメントを通して，教育者や実践的な「理想主義者」のなかに根づいています。

教育は，そのニヒリズムを受け入れることでよりよいものとなるかもしれません。しかしながら，それをより完全に理解することから，また，教育的楽観主義のニヒリズムを認識することから目を逸らしています。実際，西洋のニヒリズムの到来は決して残念なことではないと論じられています。ニヒリズムに苦しむことで，「形而上学，道徳，宗教，芸術の『偽』の構成概念が形成される過程」に接近できるかもしれないとされています。ニヒリズムを受け入れると，「富を構成する誤りの全貌，もっと簡単にいえば，現実の本質」が見えてきます。これが慰めになるわけではありませんし，そうある必要もありません。ここでは，現代シニシズムと密接に関連した態度が何らかの助けとなり，救済の必要性と欲望を軽減してくれるかもしれません。より熟考されたシニシズムは，復活した形而上学的枠組みや真正な政治活動に内包された期待できる安全性に，私たちが習慣的に逃げ込むのをためらわせます。また，意志の力でいとも簡単にニヒリズムを克服できるという偽りの希望的約束に対して，抵抗するのに役立つかもしれません。現代のシニックは，自らを含むあらゆる人々が痛烈と感じる批判様式によって，これらを達成するでしょう。これこそが，ニーチェが同時代のシニックと呼ばれる人々に称賛を送っていた理由です。彼らはすなわち，「獣性，下品さ，『ルール』そのものを認識し，それでもなお，目撃者の前で自分自身や自分のような人々について語ろうとする知性と気概がある人々」です。さらにニーチェは折に触れて，「彼らは自分の汚物にまみれるように，本に溺れてさえいる」ともつけ加えています。これは，この過分に崇拝されたメディアは逃げ道を与えてくれないことを示しています。

スローターダイクと排泄行為の規範

スローターダイクは，哲学の死期が近いことを明言し，現代のシニカルな理性に対する批判を始めたことで有名です。

> 100年前から，哲学は死の床に横たわっています。……私たちは啓発され，無関心になっています。知恵の愛について語る者はもはやいません。もはやだれの友人（philos）になりうるかわかりません。

哲学は「単なる思考管理の手段として沈降せず，きらびやかな激しい苦悩のなかを歩み」，実現しなかった壮大なテーマや希望にとりつかれながらも進んでいます。スローターダイクは「教育信仰の終焉の気配が漂っている」のに気づいたことで，教育に対する見通しも同程度に，おそらくはさらに暗く感じています。おそらくスローターダイクはほかの人々よりも鼻が利くのでしょうが，私にはそれが感じられません。彼は，古代シニシズムがもっていた「確信」，すなわち，「賢明なことを学べるようになるには，まず物事がよくあるべきだ」という考えを深く理解するようになったと書いています。確かにこの考えは，私たちが知る教育が滅亡する予告のように聞こえます。一方で反対意見もあり，学習は向上の形をあらかじめ示すもの，あるいは向上を促すものであるべきだという主な認識も存在しています。スローターダイクが持論を展開して以来，政府は，学習はもはやオプションではなく，社会の全構成員が生涯にわたって歩むべき道だとし，あたかもそれが一般的な経済的繁栄への道であるかのように主張しました。スローターダイクは正しいのかもしれませんが，知恵の愛，および教育を受けた者の貴重さに関する話題が信じられやすくなっている今，彼は持論を誇張しているように思えます。哲学者や教育者たちは，自分たちの仕事が改善や向上に寄与しているとおぼろげながら信じて，今も努力しています。現代シニシズムは，一般化された無関心ではなく，中途半端な幻滅に突き動かされています。

スローターダイクの誇張的分析のもう一つの例は，「すべてに問題があるゆえに，今やすべてが無関心の域になっている」という主張です。しかし，現代のシニックはまったくの無関心ではないと私は考えます。彼らの一般的な特徴は，絶望的な憂うつよりも空虚な明るさです。これに対し，スローターダイクは現代のシニック像を「境界線上のメランコリック」とより教育的に表しています。しかし，スローターダイクは，本格的にメランコリックな放心状態に陥ることなく，メランコリアの境界線上で自らの存在を維持している人々を過大評価しています。スローターダイクは，現在のシニックは「うつ症状を抑制

現代シニシズムは,
一般化された無関心ではなく,
中途半端な幻滅に
突き動かされています。

できる」範囲で生き延びていると示唆します。このメランコリックな状態を別の角度から解釈すると，現在のシニックはまだ完全にはシニシズムに身を任せていないため，境界線上のメランコリックであるといえるでしょう。これは，ニーチェの言うニヒリズムの影響に最も苦しんでいる人々が，自分の苦境にまだ折り合いをつけていないのと同様です。現在のシニックは「多かれ少なかれ仕事ができる」状態を保っていますが，それは猛烈なシニシズムを抑えているからではなく，シニシズムの存在をまだ完全に感じ取っていないからです。

また，スローターダイクは，現代シニシズムを一種の吐き気と表現し，「シニックは原理上，吐き気を感じている。シニックにとってはすべてが糞であり，過度に失望した超自我は糞のなかに善を見ない」としています。これは現代シニシズムのどう猛性を誇張していますが，私としては，現代シニシズムの問題点はシニックがまだ失望の底に達していないことだと考えます。このようにして，現代シニシズムは直面するかもしれない危機的状況を避けながら文化現象として存続しています。現代のシニックに関するスローターダイクの説明は大げさかもしれませんが，古代シニシズムとの差別化には有用です。古代シニック派の哲学者は「吐き気を催さない人」です。スローターダイクは，古代シニック派はこの点で幼い子どものようであり，「自分の排泄物のネガティブさについてまだ何もわかっていない」と指摘します。ここに，古代シニック派をより肯定的に評価する価値があるかもしれません。排泄物に対するシニック派の姿勢は，（軽蔑的な意味での）幼児性の表れではなく，自らの主張のために汚物を用いる戦術として理解できます。古代シニック派のスカトロ的な行動には，「こんなことで動揺するとは，なんておもしろおかしいのだろう」というメッセージが込められています。対照的に，自意識が強い現代のシニック，つまりスローターダイクが描く，シビアなシニシズムに立ち向かおうとするシニックは「私たちの吐き気はまだ十分でない」と考えます。シニックの物言いは人一倍厳しいですが，耳を傾ける心構えができている者，つまり生態系意識が芽生えつつある者に向けて，彼らがすでに知っていることを伝えることから始めようとしています。

人間は自分たちが何者になったのかを直視しなければなりません。スローターダイク特有の単刀直入な表現で言えば，人間は「超生産的な糞を蓄積する産業動物」です。とはいえ，排泄物を膨大に生み出すというこの不愉快な主張が，問題の終わりではありません。排泄物を生み出すことは，それを処理することと結びついています。吐き気でさえも吸収できます。排泄物との曖昧な関係に関する研究では，これまであまり注目されてこなかったドミニク・ラポルトの『*History of Shit*』（糞の歴史）に勝るものはないでしょう。排泄物の拒絶は，秩序を生み出すための基盤であり，「排泄行為に関する規範，すなわち支配者の規範」を定めることにつながる，とラポルトは主張しています。その不潔さを前にしてよりよい吐き気を覚えるためには，人間が生み出すあらゆる糞の存在を指摘するだけでは足りません。もし，そのような不満が聞かれることがあれば，排泄物の問題は再び資本的に取り上げられ，糞がますます生み出される不可避な状況に対し，秩序を保とうとする試みが繰り返され，産業は倍加されるでしょう。したがって，このような恥知らずでスカトロ的な説得を行うシニックは，プラスチックの海や崩壊しつつある生物圏を見ても，不機嫌を伴う憤りに支配されることはありません。このシニックは，問題を指摘し，注視し，何かをしなければならないと主張することもありません。糞と権力の相互循環に長年慣れ親しんできた彼らだからこそ，問題の程度を認識しています。このシニックは，現在の自分たちを消し去ること以外には満足しないため，好き勝手で感傷的な幻想に惑わされることなく，自身のラディカリズム*[19]を貫きます。彼らは，現在の存在秩序におけるあらゆる行動はせいぜい気晴らし程度であり，悪く言えば，世界規模の搾取と悪化の現状に自らを適応させるための手段ではないかと考える立場にあります。

*19　ラディカリズム：急進主義のこと。革命などの手段によって社会構造を変革したり，価値を変えたりするなど，過激な政治的信条を表す。

第8章

終わりに：シニシズムの必然性

近年，シニシズムという現象が学術的に注目された結果，シニック派哲学の継承者と呼ばれる人々が増えてきました。前近代的な意味でのシニシズムの影響を受けていると考えられるのは，コメディアンや風刺家，ペテン師，ストリートアーティスト，ロシアのパンク集団プッシー・ライオット[*20]のような政治活動家など多岐にわたります。ここに一例として，ピョートル・パヴレンスキーを紹介します。彼は，2012年にプッシー・ライオットのメンバーが投獄されたことに抗議して自らの口を縫い，2013年にはサンクトペテルブルク立法議会の正面玄関で裸体に有刺鉄線を巻きつけ，同年末に赤の広場に自分の陰嚢を釘で打ちつけました。2014年には有名な精神科病院の屋上に裸で座って耳たぶを切り落とし，2017年にフランスに亡命

*20 プッシー・ライオット：ロシアのフェミニスト・パンク・ロック集団。ウラジーミル・プーチン大統領の3期目への出馬に抗議し，モスクワのロシア正教会救世主ハリストス大聖堂でプーチンを批判するパフォーマンスを行い，逮捕された。

した後，パリのフランス銀行の入口に火をつけました。彼の行動とシニック派の抗議活動との類似点を挙げてみましょう。たとえば，公共の場で裸になること，公共の場での恥知らずな行為，公共の場での自傷行為に必要とされる高い忍耐力と自制能力，真実（政治的抑圧の真実）を明らかにするための肉体の使用，いわゆる「アテネに留まりたい」という願望（「このようなパフォーマンスをするときは決してその場を離れません。そこに留まることが重要なのです。当局は行き詰った状況に途方に暮れます」），「当局を自分の芸術に巻き込む」というコミットメント（国家を巻き込み，彼を自由にしたり投獄したりするように仕向け，彼の芸術制作に意図せず能動的にかかわらせる），自分のメッセージの伝達，反映，増幅を目的とするメディア，国家のプロパガンダ，精神医学などの国家権力の手段の戦術的利用（そこにおいて基本的事実は歪曲できない。「切り落とされた耳たぶは，切り落とされた耳たぶのままであり，正方形に釘づけされた陰嚢は常に正方形に釘づけされた陰嚢である」），自身が認識する抑圧の受け入れ，具現化，強化，それらの抑圧を経由し超えていくという意思（当局に逆らい，自身を地面に釘づけにすることで，「痛みへの恐怖，権力への恐怖が解消され」，「解放感」を経験する），教育への控えめな姿勢（「私は美術学校や大学など多くの場所で勉強してきましたが，いつも途中で辞めています。その理由は，私が求めるのはそこで得られる情報だけであり，学位や卒業証明書ではないからです。学位とは何でしょうか？　それは，彼らの基準に完全に合致しているかどうかの確認にすぎないのです」)，あらゆる形態の隷属に対する拒否（彼は美大を「アーティストを隷属させることを目的とした規律ある機関」と表現している)，現代ロシア社会の「無気力，政治的無関心，運命論」に風穴を開けようとする決意（古代シニシズムに似たものと現代的な意味でのシニシズムとの対立を表現しているとも考えられる)，そして最後に，亡命先のホスト社会に対するシニック派の忘恩（フランス銀行への放火のケース。「私たちはフランスが与えようとしたあらゆるものを断った」）です。これらの類似性は明らかであり，シニシズムが現代社会において役割を果たしている可能性を示唆しています。しかし，このような特徴的で個性的な政治活動家やパフォーマンスアーティストをシニシズムの枠組みに置く場合，もしそのシニシズムが自称されていないのであれば注意が必要です。

また，現代のさまざまな文豪やミュージシャンも，彼らが明らかに示している古代および現代のシニシズムに照らし合わせて研究されており，その数は膨大です。しかしながら，作家やミュージシャンの数の多さと多様性には，それなりの問題があります。ある意見によれば，「自分の好き勝手に行動する」人はほとんどだれでもシニック派とみなされ，「無政府主義者，放浪者，ホーボー*[21]，ビートニク*[22]，ヒッピー，パンク，ニューエイジャー，ボヘミアン」など，挙げればきりがありません。

個々の研究では，現代シニシズムを広義に一般化することを避け，古代シニシズムのように多様で多面的な教えとして独自の概念をかなり慎重に説明しています。とはいえ，古代または現代のシニシズムの何かに依っている，もしくは依っていない作家，ミュージシャン，ストリートアーティスト，パフォーマンスアーティスト，抗議者，活動家を挙げれば，枚挙にいとまがありません。この点については今後も研究の余地がありそうですが，上述の研究で取り上げられた人々のほとんどが，シニックを自称していないことは注目すべきです。本書では，シニシズム全般の歴史についての分析を，シニック派に直接的または間接的に言及しているケースに限定しています。このアプローチは，古代シニック派哲学のレガシーと，それに影響を受けた実践についての広範な理解を妨げる可能性がありますが，この議論は，自称シニシズムが今日どのように見えるかという厄介な問題を視野に入れています。これは，より意図的なシニシズムとは何かという問題を提起しています。それは，広く普及していながら，大半が否定されたり退けられたりしている現代シニシズムの特徴や特質を，意識的に利用し，強化しようとするものです。これは，現代のシニシズムに内包されているはずの，

*21 ホーボー：19世紀後半から20世紀初頭の世界的不況化のなか，アメリカで現れた働きながら各地を転々と渡り歩く労働者のこと。彼らの生活スタイルは，多くのミュージシャンや文学者に影響を与えた。

*22 ビートニク：第二次世界大戦後間もない1950年代，経済発展を遂げていた保守的な当時のアメリカの体制に対し異を唱え，言葉を武器に個を貫くという思想および運動。中産階級的価値観に反発し，人間性の無条件な解放のため，自ら貧困を求め原始的なコミューン生活を行った。

まだ十分に発揮されていないネガティブさを実現し，結実させるよう促す試みです。初期のシニシズムが後世にも存続していることを考えると，現代シニシズムの特徴を取り入れ強化することは，古代シニシズムのテクニックを選択的に模倣し適応させることにつながるかもしれません。しかし，昔の逸脱のロジックに訴えても，古代シニシズムを忠実には実践できないという注意が必要です。この点については，古代シニシズムの即興的でその背景に依存した性質を念頭に置くことで，古代シニシズムから学ぶ試みが単純な模倣になることを防げるでしょう。わかりやすい例を挙げると，現代において観客の前で糞をしても，昔と同じ効果は得られません。これは，観客側の変化も理由の一つです。観客はシニック派の実践に不可欠な要素でした。「ディオゲネスはほとんどのものを不要とするなかで，群衆を必要としていました」。しかし，当時と今とでは観客の集まり方が違います。「偽りの生活の光景に対し無礼に反応できる……喧嘩っ早い人物」による恥知らずなシニック派的な行為は，部分的にバーチャルな背景として受け入れられるでしょう。そのような環境下では，観客の参加ルールが違います。観客は連続するツイートの間を縫って憤りを表現し，オンラインという少し離れた場所から自分自身を定義します。線の下の書き込み，反射的に生まれる義憤，ネット上の痕跡として残された乱暴ながら，雑なリアクションがこの形態の特徴です。今日では抑えきれないほどの怒りが，オンラインでのありふれた光景となっています（ウェブの特徴は，日常的に「自分はひどいクズだ」と互いに思い出させることだとする厳しい見方もあります）。インターネットは，悪い感情が成長の原動力となります。主要なサービスプロバイダーに対して激しい怒りがあったとしても，登録してしまえば，結果的にFacebookやTwitter，Googleといった企業にさらなる収益をもたらします。シニック派の排便行為を実際に目にしたリアルな観客の理屈抜きの不快感は，憤りを利益に変えるバーチャルな観客に取って代わられました。

古代と現代との距離を測るために，スローターダイクの提案に乗ってみましょう。それは，「戻ってきたディオゲネス」がアテネの樽から出て，現代を歩む姿を想像してみるというものです。ディオゲネスは「何事にも備えよ」と説いていましたが，彼が現代で目にするのは，シニック派が破壊しがたいものでしょう。このまったく異なる背景では，シニック派の恥知らずな行為は，社会規範に挑戦するにはもはや不十分であると考えられます。このような倒錯行為はすべて，心理学に包含されて研究対象となっています。いわゆるディオゲネス症候群というものもありますが，これは，秩序と清潔さの名の下に，不潔さを病気として扱ったもので，シニシズムの名を借りたもののなかで最もばかげています。精神医学と牢獄のような社会が相互に補強し合いながら発展していることを考えると，人々の憤慨を生み出す価値観そのものに疑問を投げかけるシニック派の恥知らずな倒錯行為は，異常な状態は改善するに十分値するとし

シニック派の排便行為を
実際に目にしたリアルな観客の
理屈抜きの不快感は,
憤りを利益に変える
バーチャルな観客に
取って代わられました。

て，その行動を正常化しようとする制度そのものを強化してしまうでしょう。その結果シニック派は監禁され，投薬治療を受けさせられ，最悪の場合，間違って「理解」されてしまいます。

また，「人と違う生き方をする」という古代のシニック派の手法は，必然的に資本に取り入れられてしまいます。日常生活を改革しようとする試みがどのようにして打ち負かされるのかは，1968年5月のレガシー（五月危機*23）がいい例です。批評家いわく，日常生活は今や資本によって容赦なく搾取されています。労働者や教育者は，市場の気まぐれに永久に適応できるように人生を様式化することが求められています。個人の生活は，このように枠組みが強化され，折り重ねられ，「（潜在的に反）文化的な嗜好や身体イメージなどの育成に相対する自己様式化された」ものとなっていきます。社会問題に直面したとき，不快な政治的問題は「倫理的な即時性の名の下に」先送りされます。たとえば，1985年に開催されたチャリティコンサート「ライブ・エイド」では，「思いやりのある人々」が，個々のポケットマネーを出してお金を寄付することで，体系的な再編成がなくても集団的に直接アフリカの飢餓を救うことができる，と主張されました。同イベント以来，特定の形の「イデオロギー的な脅迫」が根づいています。

今日のシニック派が，病的なものとして扱われたり，わいせ

*23 五月危機：1968年5月，パリで大学生，労働者が中心となりシャルル・ド・ゴール体制に対し起こった抗議運動。「五月革命」とも呼ばれる。

つ罪で逮捕されたりするのを免れたとしても，その体現された実践は単なる別のライフスタイルや政治的主張とみなされ，彼らはリベラルな許容範囲内で活動する自己顕示欲の強い者として認識されるでしょう。もし後期資本主義の覇権主義モデルが，もはや家父長的な類，すなわち楽しむことを禁止するエディプスの父をモデルとしたものではなく，楽しむことへの衝動を抑圧的な命令に変えるみだらな「原初の」父，すなわち「楽しむことに卓越した者」であると受け入れるならば，シニック派の喜びに満ちた活気さえ利用されるかもしれません。楽しむための空間は権力に支配されており，権力の配下にある人々は自分で自分を満足させる必要があります。当然，絶対的な満足感は常に保留されるか，あるいは手の届かないところに置かれ，渇望を満たすのではなく，暮らせるために売られる消費財や人生経験から満足感を得るのです。以上のことから，古代シニシズムをモデルとした形態は明らかに苦戦を強いられ，その戦略は効果を発揮できず，逸脱を容認し歓迎さえする，あるいは懲罰的ながらほとんどショックを与えないような政治的文脈に打ち負かされることになるでしょう。逸脱は，権力にとってわかりやすいものとなり，居場所を与えられたのです。

シニック派哲学の復活には多くの課題があり，戦術的に相当調整を加えない限り，古代シニシズムをモデルにすることはできません。フーコーが示したシニック派の「まっすぐな人生」へのコミットメントは，修正可能なアプローチのいい例です。

古代のシニック派は，古代哲学の根幹をなすテーマを，覆すためにあえて取り上げ，真の生活あるいは「まっすぐな人生」，すなわち，あるロゴスの追求を全うしようとする人生をまねてあざ笑いました。立派な哲学のために，真の生活はより高次のものを指標とします。これは，哲学が「真の生活の枠組み，基準線，組織化原理として機能しなければならない」と認識した「人間的，社会的，市民的な法則」に照らして教えられ，正当化される人生です。対照的に古代のシニック派は，真の生活とは高次のものへの執着を捨て去り，「自然を指標」とするものと考えます。これは慣習に逆らう行為として，戦術的に意味のあることでした。シニック派は，「スキャンダラスな別の真の生活」を追求することで，「まっすぐさ」を判断する原理に疑問を投げかけます。シニック派は，いわゆる自然の力を戦術的に利用して，遭遇するあらゆる社会的慣習に対抗します。しかし現代において，この戦術はあまり意味がありません。過激な哲学の指標を自然や自然の力に置こうとすれば，すぐに人間科学が取り仕切る複雑な意味の網に絡め取られてしまうでしょう。19世紀に生政治《せいせいじ》が誕生し，20世紀には社会生活や政治的理解を厳しく支配するようになったことで，私たちの自然の概念は大いに悩ましいものとなり，潜在的な危険性をはらむようになりました。今や「自然過程」は日常的に権力の行使に取り入れられています。自然の摂理や傾向に従う存在としての私たちの自己理解は，少なくとも部分的には，統計分析と人口抑制のために機能しています。そのうえ，実践家たちは哲学の力を信じようとするかもしれませんが，哲学はもはや「生き方」を教えるものではなく，社会的，政治的，文化的な助言をする重要な役割を果たしているわけでもありません。かつての聖職の規制から解放されて，まったく異なる生活様式，すなわち実利的に適応し，有益な行動に基づく，順応の生活が出現します。この背景において，シニック派哲学者の「まっすぐな人生」は，基本的な指導様式を教育的に有意義かつアイロニックに誇張するものではなく，ある種の残存する教条主義の産物であるかのように見えるでしょう。まっすぐな人生，真の生活を追求するシニック派は風変りに思われるかもしれません。シニック派はまっすぐな人生を捨て，代わりに優勢な生活様式，すなわち，破られた約束と脆い理想の人生を選び，さらにそれを壊して，奇妙な生活を選ぶかもしれません。それは，取り返しのつかないほど曲がった生活（同性愛者の無法者の生活，非規範的な肉体の生活，未来を放棄した生活）です。

その特徴は当然ゆがめられていますが，古代シニシズムが仕掛けた挑発や衝動はそのまま残っており，教育やあらゆる形態の洗練性の思想に対する歴史的な攻撃が含まれています。問題となるシステムの内部解明に取り組む持続的で困難な探究プロセスなしに，逃避が可能であるというふりや，社会変革が有意義であるというふりはできません。シニック派哲学は，繰り広げられる内在的な批判によって，シニック派がいかに深く自身が疑問視している制度に縛られているかを示しています。この点において，シニック派の実践は，慣習に逆らう実践家と倒されるべき文化の共依存を批判し，それらを分離することを目的としていました。この共依存は，シニック派が克服しようとした逸脱のパラドックスを形成しています。すなわち，文明が蓄積してきたあらゆる疑わしいものを捨て去ろうとする試みが，仮にシニック派が変革しようとする社会のなかで実践されるならば，意図的に窮乏化した彼らが，自身が嘲笑している対象にさらに依存することになるだけです。文明生活の最高の成果，最も親切で人道的かつ美しい成果は，シニック派の観点からは疑わしいままです。感情は至るところで，その隠蔽された権力の行使のために攻撃されます。シニック派の批判は，文明の非道は，その最高の成果にもかかわらず現れるのではなく，その成果のなかに，あるいは成果を通して現れるという確信によって導かれます。これらの教訓を踏まえたうえでも，古代シニシズムは何も教えてくれません。シニシズムの核となる部分は，依然として曖昧です。それは，戦術的な柔軟性のなかで存在したり消えたりするものであり，シニック派の実践が，樽，放屁，自由な発言といった何か一つの特徴に限定されることを拒否しています。シニシズムは反乱の様式であり，周囲を見回してすべてが不足していると感じる人々の苦境です。フーコーの言う「別の生活」を存在させようとするシニック派のコミットメントは，私たちが唱える生活への断固たる批判に基づいており，シニック派を含めだれもその変革的でスキャンダラスな侮辱から逃れることはできません。このコミットメントは，だれもが口にする「別の世界は実現しうる」という安易な言葉とは無縁です。別の生活についてのシニック派の考えは，スキャンダルとして，また良識や礼儀のすべての基準に対する反発として，現存の生活のなかでのみ理解できます。その異質性は，口論ではなくジェスチャーで示されることで引き起こされる不快感によって感じられます。シニック派は,自分自身に理を説いたり,自分の限界を定義したり，自分自身を結論づけたり要約したりする議論を提唱しません。シニック派の議論は，格式張らずに唐突に始まり，終わります。

古代のシニック派の批判は，社会の何を嫌悪しているのかを正確に説明していません。シニック派のスキャンダルは，その行為が何をもたらし，最終的に何を意図しているのかを理解するための枠組みを提供していません。むしろ，スキャンダルが形成されるための枠組みを提供するのは観客です。これは，観客がシニック派の行為に反応し，自らの道徳的秩序と嫌悪による経済（シニック派を位置づけて，認識した逸脱行為の性質を判断するためのもの）を動かすことで生まれます。これまで見てきたように，そのような解釈の枠組みでは，シニック派を適切に説明できず，シニック派がなぜこのような行動を選択するのか理解できません。しかし少なくともこれは，シニシズムが故意に一風変わった奇妙な逸脱行為をして得ようとする効果な

シニック派の議論は，
格式張らずに唐突に始まり，
終わります。

のです。シニック派は，適切な規範や行動基準を熟知しているのに，あえて相反する行動をとろうとします。それは彼らが理解しがたい存在であり続けるための重要な戦略です。観客は判断の枠組みを提供することはできても，なぜ何者かが達成目標の説明もなく，その境界線を押し広げようとするのか理解できません。文化的現象としての私たちのシニシズムの苦境は部分的な不満の産物であり，それは中断された満たされないニヒリズムの症状であるという私の主張を踏まえたうえで，現代シニシズムについて考えると，より完全かつ積極的に受け入れられた現代シニシズムの不満とはどのようなものなのでしょうか。古代のシニック派のスキャンダルの論理を現代に適用すると，現代のシニシズムを受け入れても，「なぜあらゆるものが悪とされ，シニシズムが正当化されるのか」という疑問に対する包括的で明確な理解や説明は得られそうにありません。むしろ漠然とした持続的な不満を肯定することにフォーカスされるでしょう。古代のシニック派のスキャンダルのように，これは奇妙な選択であり，ある程度支離滅裂でなければならない自分のシニシズムを肯定するものです。なぜシニシズムを肯定するのか，という問いに対して適切な答えはありません。しかし，古代シニシズムのように，この肯定的な行為は，この世の存在を完全に破壊することを前提とした，別の生活の可能性を示しています。それは，搾取，汚染，生態系の崩壊というグローバルな経済秩序の破壊から，私たちに内在する支配的な主観性の根本的な調整にまで及びます。現代のシニックを自認する者は早急な崩壊は望まず，ある種の革命的な特異性のために突然崩壊するとは考えていません。しかし，認められた肯定的なシニシズムの，悪化を促す不可解で変革的な影響にはコミットしています。それは，古代のシニック派のように，明らかに攻撃的で対立的な存在をモデルにする必要はありません。とはいえ，攻撃性や対立を排除するわけでもありません。現代のシニックは，戦術的な対立を選ぶかもしれませんし，もう一度群れをなして吠えるかもしれません。「なぜ暴動を起こすのか？」という問いに対してシニックは，「逆になぜしないのか？」と答えるでしょう。つまりシニックは質問の前に無関心を示すのです。シニックの実践の非対立的な例としては，「後期社会主義のシニカルな理性」が挙げられます。これは社会秩序の劇的な崩壊に対して静かに先行し，その道筋をつくりました。このシニックの見通しは，次の逸話に上手く集約されています。「ソ連の悲観主義者と楽観主義者の違いは何か？　ソ連の悲観主義者は『これ以上悪くなるはずがない』と考えるが，楽観主義者は『悪くなっていくだろう』と考えるのだ」。ソ連の楽観主義者が去った後，現代のシニックも同様の楽観主義を唱えています。彼らは，教育を受け，政治的な活動をしている勤勉な人々の公式な言説に反論する努力をせず，特に探究しようともせず，空虚な視線を送ります。訴えに反応しないこの視線は，権力を混乱させ，従順なシニシズムなど生み出せないことを思い知らせるのです。

用語集

※本ページは本文中に太字で示した用語の一覧となります。

第１章

現代のシニシズム（Modern cynicism）→9ページ

現代のあらゆる形態のシニシズムを指す一般的なカテゴリー。このシニシズムは，特定の集団固有の思想でない限り，現代社会に蔓延するといわれる。権力者（大きな影響力と富を得るためなら手段を選ばないような者）が機を狙う操作的なものから，虐げられ社会の主流から取り残された者が唱える絶望的なものまで幅広い。英字表記で小文字の「c」から始まり，古代シニシズムと区別される。

古代のシニシズム（Ancient Cynicism）→10ページ

古代のシニック派は，托鉢生活を送る哲学者集団だった。学派としての固い結束はなく，杖と外套という独特な恰好のため見分けがつきやすい。意図的な窮乏化，粗野な振る舞い，恥らいのなさ，不可解な行動，常軌を逸した様子が特徴。シニック派は独自の生活様式を実践することで，自らが属する文化を批判した。その狙いは，同時代の人々を憤慨させてその偏見をあらわにし，世に存在するものに対し，まったく異なる見解がある可能性を示すことにある。英字表記で古代シニシズムは大文字の「C」から始まり，現代シニシズムと区別される。

第２章

路上のシニック派（Street Cynics）→35ページ

大いに愚弄された古代の托鉢僧の一派。貧しく疎外された人々と結びつき，裕福な権力者を侮辱しながらローマ帝国を放浪した。路上のシニック派は偽りの哲学者として広く非難されたが，その評価は自分たちの理想とするシニック派のレガシーをつくろうとした哲学者や政治家の対立的な視点によるものである。

第４章

理想化されたシニック派（Idealized Cynics）→80ページ

古代のシニック派の姿は，シニック派でない者の著書でのみ知ることができる。その著書が後続の論者に支持され，シニック派哲学のビジョンが理想化されたが，最もスキャンダラスな側面は軽視され，教えが転化される傾向にあった。

第６章

インサイダー・シニック（Insider cynics）→139ページ

現代シニシズムの一種（「シニック」は英字表記で小文字の「c」から始まる）。古代シニシズムとの関連性はほぼなく，現代の職業人や役人のシニシズムに通じる。彼らは，人間は最終的に利己的な動機で動くと信じ，それを前提に同僚とつき合い，大きな組織での生存に全力を尽くす。

戦略的（シニシズム）（Strategic cynicism）→141ページ
特に今日の大学の学者は，自己妄想的で自らを高めるような理想をもち，常に「戦略的」に介入する。それは政府や影響力のある機関と手を組むために必要かつ賢明な策であり，そのような慎重な駆け引きが権力の手綱を断ち切るのではなく緩めるのに有効であると考えられている。彼らが職業上疑うよう訓練を受けてきた機関やシステムに，学問的に従うという論理である。このようなアカデミックでリベラルなシニシズムは好感をもたれるよう装い，善行を主張するため目立たない。さらに奇妙なことに，その地位はより露骨なそのほかのシニシズムを否定することで確立される。それは第一に現代シニシズムは，あからさまな偽善のシニシズム（罪の意識のない者のシニシズム）または信念に欠けるシニシズム（悲観主義に偏った者のシニシズム）であるという前提，そして第二に，民主的プロセスに有意義にかかわっていく前兆とみなされることが多いとされる現代シニシズムは無力化の産物（教育による高揚的効果を欲する人々の病）であるという前提に基づいている。家父長的なシニシズムや進歩的なシニシズムと同様に，常に「シニシズム」を別の場所に置くようなある種の否定に根差している。

進歩的なシニシズム（Progressive cynicism）→148ページ
家父長的なシニシズムと同様，その強烈なポジティブさゆえ捉えにくい。教育が本質的な善良さに支えられ，そこに帰着できると考える後期近代の教育者の間で，特に普及している。教育的救済の神話を永続させるこのシニシズムは，必然的に失望を招き，責任を分け合い，改善を強行する。

ニヒリズム（Nihilism）→155ページ
ニヒリズムは一般的に，「人生は無意味で，真実は何一つない」という信念と関連する。軽蔑的な意味以外でも用いられ，西洋の現代性を象徴する正当化の危機がもたらす複雑な影響を表す。政治的，文化的，教育的な枠組みの目的を曖昧にし，私たちがそのなかで生きることを余儀なくされている，明らかに脆く葛藤のある主観性を生み出す。

第 7 章
家父長的なシニシズム（Paternalistic cynicism）→162ページ
政府の操作や制度的なケアの論理を支えるシニシズムの一形態。その強烈なポジティブさゆえ見抜きにくいが，既存の傾向や習慣を操作しながら世論を形成しようとする人々のシニシズムである。家父長的なシニックは自身が提供するサービスによって儲けることが多いが，その活動（彼らが操る人々にも明らかに利益をもたらす活動）が理解され正当化されるにつれて，より大きく発展する。

著者

アンスガー・アレン／Ansgar Allen

イギリスのシェフィールド大学の教育学部講師。主な著書に『*The Cynical Educator*』『*Benign Violence: Education in and beyond the Age of Reason*』などがある。

監訳者

上野 正道／うえの・まさみち

上智大学総合人間科学部教授。山東師範大学，西北大学客員教授。一般社団法人東アジア教育研究所所長。専門は教育学。主な著書に『学校の公共性と民主主義』，『民主主義への教育』（東京大学出版会），『*Democratic Education and the Public Sphere*』『*Manabi and Japanese Schooling*』『*School Reform and Democracy in East Asia*』(Routledge) などがある。

訳者

彩本 磨生／さいもと・まき

津田塾大学学芸学部国際関係学科卒。テンプル大学大学院教育学研究科英語教授法修士課程修了。日系や外資系の複数企業で幅広く翻訳経験を積んだ後，フリーランス翻訳者として独立。ビジネス一般・観光分野・エンターテイメント業界の英日翻訳実績多数。また，企業や学校で TOEIC を中心とした英語指導にも携わる。

CYNICISM
ANSGAR ALLEN
シニシズム

2021年10月15日発行

著者　アンスガー・アレン
監訳者　上野正道
訳者　彩本磨生
翻訳協力　Butterfly Brand Consulting
編集協力　太内潤一
編集　道地恵介，鈴木夕未
発行者　高森康雄
発行所　株式会社 ニュートンプレス
〒112-0012　東京都文京区大塚3-11-6
https://www.newtonpress.co.jp

ISBN 978-4-315-52456-7

カバー，表紙画像：©Kostiantyn，©MMvectors